DANIEL SPINELLI
PREFÁCIO DE MAURICIO BENVENUTTI

A POTÊNCIA DA LIDERANÇA CONSCIENTE

COMO UMA CULTURA MAIS HUMANA PODE POTENCIALIZAR OS SEUS RESULTADOS E ALAVANCAR A SUA RELEVÂNCIA E IMPACTO COMO LÍDER

UM NOVO CÓDIGO PARA LIDERAR COM O HUMANO NO CENTRO

Diretora
Rosely Boschini

Gerente Editorial Sênior
Rosângela de Araujo Pinheiro Barbosa

Editora
Audrya de Oliveira

Assistente Editorial
Mariá Moritz Tomazoni

Produção Gráfica
Fábio Esteves

Preparação
Elisabete Franczak Branco

Capa
Anderson Junqueira

Projeto Gráfico e Diagramação
Gisele Baptista de Oliveira

Revisão
Giulia Molina Frost
Thiago Fraga

Ilustração
Studio Sagui

Impressão
Bartira

caro(a) leitor(a),

Queremos saber sua opinião sobre nossos livros. Após a leitura, siga-nos no **linkedin.com/company/ editora-gente**, no TikTok **@editoragente** e no Instagram **@editoragente** e visite-nos no site **www.editoragente.com.br**. Cadastre-se e contribua com sugestões, críticas ou elogios.

Copyright © 2023 por Daniel Spinelli
Todos os direitos desta edição são reservados à Editora Gente.
Rua Natingui, 379 – Vila Madalena
São Paulo-SP – CEP 05443-000
Telefone: (11) 3670-2500
Site: www.editoragente.com.br
E-mail: gente@editoragente.com.br

Dados Internacionais de Catalogação na Publicação (CIP)
Angélica Ilacqua CRB-8/7057

Spinelli, Daniel
    A potência da liderança consciente : como uma cultura mais humana pode potencializar os seus resultados e alavancar a sua relevância e impacto como líder / Daniel Spinelli. - São Paulo : Autoridade, 2023.
    192 p.

ISBN 978-65-88523-79-7

1. Liderança I. Título

23-4712

CDD 658.3

Índice para catálogo sistemático:
1. Liderança

nota da publisher

Poder aprender com uma pessoa tão espiritualizada, experiente e consciente como o Daniel Spinelli é um privilégio e uma oportunidade ímpar, afinal, ele nos convida a mergulhar em uma exploração profunda e reflexiva sobre o papel das lideranças diante das transformações que impactam o cenário corporativo contemporâneo e como liderar para um futuro mais humanizado, saudável e produtivo.

Nas páginas deste livro, Spinelli nos guia através de um panorama único das dinâmicas da liderança, fundamentando sua abordagem em décadas de experiência e pesquisa que expõem e questionam como estamos vivendo em um modelo cultural corporativo em xeque, e que corre o risco de se prejudicar profundamente se não mudar de atitude.

Ao longo de suas páginas, Spinelli confronta o modelo atual aplicado pela maioria das lideranças e demonstra que ainda estamos liderando como no passado, enquanto desejamos dominar o mercado futuro, e como podemos modificar essa realidade para conquistar nossos objetivos profissionais e pessoais ao nos ensinar como desenvolver as habilidades necessárias para enfrentar os desafios complexos do mundo atual.

A potência da liderança consciente é uma jornada em cinco partes essenciais, explorando desde a compreensão da necessidade de uma nova abordagem até a apresentação de uma metodologia abrangente de desenvolvimento de liderança. Spinelli aborda questões relevantes e impactantes, destacando a relevância dessas habilidades para a transformação positiva das culturas organizacionais.

Dividido em conhecimento teórico e prático, este livro é uma convocação a todas as pessoas em cargos de liderança que buscam expandir a sua consciência, criar uma cultura mais humana em suas corporações, e elevar e valorizar o propósito de seu trabalho. Afinal, ser líder é muito mais do que apontar uma direção; é construir junto aos demais um ecossistema que valida os valores e o compromisso da empresa com o mundo.

Leitura essencial para todos que estão em posição de liderança ou que desejam assumir esse ponto em suas carreiras, esta obra vai iluminar o caminho de quem procura prosperar com seu time nessa jornada imprevisível do mundo corporativo.

Espero que você aproveite as lições transformadoras das páginas deste livro e que ele inspire a sua construção de uma nova cultura de liderança consciente.

Boa leitura,

Rosely Boschini – CEO e Publisher da Editora Gente

agradecimentos

A todas as pessoas que, com sabedoria, me guiaram,
A cada mestre que em mim deixou sementes,
E nas linhagens de ensinamentos que representam,
Eu dedico esta obra com o coração transbordando em emoções.

Saudosos pais queridos, José Vicente,
Que logo cedo nas trilhas da liderança me fez caminhar,
E minha mãe amada, Suely, com sua ternura inabalável,
Me presenteou com o legado da educação.

Da meditação, essa prática de sabedoria,
Em cada mestre, uma lição de reconexão,
Sejam do Brasil, Índia, Butão ou Tibete, me iluminam com seus ensinamentos,
De autodescoberta e dos caminhos da mente e da essência.

Do time de pesquisa, uma base na qual confiei,
Especialmente Viviane e Maria, sempre incansáveis em me acompanhar,
Nesta obra e na fundamentação do que aqui propomos,
Também não nos esqueçamos de quem aqui citamos, contribuíram demais.

Agradeço ao meu amigo e sócio Fernando e às guerreiras Liliana e Marinara,
Pessoas que sustentaram nosso propósito durante os desafios da pandemia
E enquanto realizei buscas mundo afora.
Às equipes, amigos e clientes da maisPS, da Signature Brasil e do Instituto Mindpedia de todos os tempos.

Aos presentes desta vida,
Minhas irmãs, Suzana e Regina, meu irmão, Paulo, sobrinhas e sobrinhos.
Obrigado pelo amor e incentivo incondicionais,
Mais do que sangue, temos um encontro de almas.

Tia Anna e dona Augusta,
Representando todas as pessoas que cruzaram minha história,
Sejam como líderes, mestres, liderados, família e amigos,
Vocês fizeram a diferença para que hoje pudéssemos entregar esta contribuição ao mundo.

Possam os textos contidos nesta obra tocar o coração de muitas pessoas,
Provocar uma revisão nos modelos de liderança
E se espalhar em ondas de benefícios.

sumário

	Prefácio	**9**
INTRODUÇÃO	Líderes conscientes constroem culturas fortes	**11**
CAPÍTULO 1	Uma cultura em xeque	**18**
CAPÍTULO 2	Reflita comigo	**31**
CAPÍTULO 3	Será que nossos heróis sabiam para onde estavam indo?	**40**
CAPÍTULO 4	Emerge uma nova liderança	**52**

1 PRIMEIRA DIMENSÃO DO MÉTODO: AUTOLIDERANÇA ... 60

CAPÍTULO 5	Autoconhecimento	**66**
CAPÍTULO 6	Autogestão	**78**
CAPÍTULO 7	Empoderamento e protagonismo – transformando realidades através do lócus de controle	**90**
CAPÍTULO 8	Qualidades humanas essenciais	**98**
CAPÍTULO 9	Autotranscendência – de uma rotina automática para uma agenda consciente	**114**

2 SEGUNDA DIMENSÃO DO MÉTODO: LIDERANDO PESSOAS 124

CAPÍTULO 10   Qual é o seu porquê? **128**

CAPÍTULO 11   Segurança psicológica – o fator não reconhecido que pode elevar sua liderança **136**

CAPÍTULO 12   Escuta – a chave de ouro da comunicação que conecta **142**

CAPÍTULO 13   Engajando times – a arte de engajar pessoas e gerar grandes resultados **150**

3 TERCEIRA DIMENSÃO DO MÉTODO: INTERDEPENDÊNCIA E VISÃO SISTÊMICA 160

CAPÍTULO 14   Cultivando a visão de interdependência... **165**

4 QUARTA DIMENSÃO DO MÉTODO: CONSTRUINDO UM LEGADO 172

CAPÍTULO 15   O nosso legado para as pessoas........... **176**

CAPÍTULO 16   O nosso legado para o mundo **180**

CAPÍTULO 17   Recebo você neste movimento **185**

CAPÍTULO 18   O momento da verdade – o chamado final **189**

prefácio

Quando pensamos no futuro dos negócios, conseguimos projetar um ideal em que existirão diversas automações, recursos digitais e facilitações que ajudarão o ser humano a executar tarefas de maneira mais exata, objetiva e rápida. Horas de trabalho compiladas em poucos botões a serem apertados (ou melhor, telas a serem tocadas). Mas fica a pergunta: qual será o papel do colaborador?

Hoje, já vemos um registro de como o modo de trabalhar tem causado transtornos de comportamento e de saúde preocupantes. A linha entre habilidades profissionais e socioemocionais deixou de existir, e nessa mistura a necessidade de se ter um objetivo maior do que a produtividade pela produtividade se tornou urgente.

No entanto, poucos estão preparados para realizar uma abordagem de liderança com as equipes que resulte não apenas em um tratamento humanizado (que deveria ser o mínimo), mas em um modo que leve em consideração a inteligência e a pessoa por trás da execução de tarefas. Esse é um dos ativos de maior valor de uma empresa: as mentes que nela estão, e ao tomarmos consciência disso, somos capazes de criar negócios incríveis.

Diante disso, a abordagem que o Daniel Spinelli traz neste livro é completamente disruptiva e atual ao mesmo tempo. Afinal, ele rompe com a barreira da liderança focada exclusivamente no resultado e torna essa mudança no comportamento, no pensamento e na ação de quem lidera algo urgente, que precisa ser feito hoje para que as empresas prosperem amanhã.

Eu acredito muito no poder do indivíduo dentro de uma corporação, afinal, grandes ideias ao redor do mundo partiram não de grandes ações, mas de rápidas ideias que cintilaram em mentes dispostas a prestar atenção nelas, ouvi-las, valorizá-las e cultivá-las. E somente quando estamos em equilíbrio podemos cultivar

A POTÊNCIA DA LIDERANÇA CONSCIENTE

este que é um talento exclusivo do ser humano e que sequer a inteligência artificial é capaz de copiar: a criatividade genuína.

Guiada por uma visão sistêmica sobre o desenvolvimento de uma liderança mais consciente, esta metodologia aqui apresentada ajudará você a desenvolver as habilidades essenciais para impactar positivamente as culturas organizacionais e o deixará inspirado para fazer parte da vanguarda de líderes que estão construindo uma nova realidade. Prepare-se para uma jornada de reflexão, aprendizado e crescimento profundo, pois este livro é uma chamada para líderes comprometidos com o futuro, que desejam causar um impacto positivo e duradouro em suas organizações e comunidades.

Seja bem-vindo(a) a esta jornada inspiradora e transformadora.

Mergulhe nesta leitura e permita que as sementes da liderança consciente floresçam em você!

introdução

Líderes conscientes constroem culturas fortes

PARA COMEÇAR

Olá! Se você está lendo estas palavras, é porque decidiu explorar e discutir o papel das lideranças perante as profundas mudanças ocorridas no mundo corporativo. As dinâmicas mudaram e há cada vez mais demanda por líderes que saibam navegar por essa nova realidade. Isso significa que estamos prestes a começar uma jornada que vai durar algumas dezenas de páginas, durante a qual passaremos algumas horas juntos. Então, permita-me apresentar brevemente a essência deste livro.

Para ser franco, estive planejando escrever durante anos. Reuni materiais, destaquei trechos de publicações e coletei dados em campo. Tomei inúmeras notas enquanto circulava por diversas organizações nas quais atuei como mentor e consultor para o desenvolvimento de equipes e líderes. Com o passar dos anos, as ideias foram amadurecendo. O chamado para publicar sobre o futuro da liderança se tornou cada vez mais intenso. Os insights e aprendizados que acumulei ao longo do caminho se aperfeiçoaram, e as evidências de que era a hora de organizar todo o material e publicá-lo se tornaram inegáveis. É uma demanda urgente repensar os modelos de liderança para favorecer uma abordagem mais consciente e humana. Estamos diante de uma demanda universal por líderes com uma nova visão, por pessoas capazes de liderar rumo a uma nova cultura. Em razão disso tudo, a necessidade de materializar meu trabalho foi crescendo, e aqui está ele, fruto de muitos anos de pesquisa.

O que estamos prestes a explorar é um conjunto de práticas de liderança pouco comuns nas organizações. São habilidades que podem ser desenvolvidas e que, conforme observei, transformam pessoas comuns em líderes de nível extraordinário. Essas novas práticas, que estudaremos nos próximos capítulos, podem ser consideradas "o código secreto para uma nova liderança".

QUEM É DANIEL

Há mais de duas décadas tenho me dedicado ao desenvolvimento humano nas organizações. Durante esse período, investiguei, pesquisei e aprofundei-me no tema, facilitando processos de aprendizagem para organizações públicas, privadas e do terceiro setor. Entre os mais de 50 mil participantes dos eventos em que atuei, espalhados por dez países, havia pessoas de todos os níveis hierárquicos e experiências, desde altos executivos de multinacionais a novos líderes e profissionais em início de carreira.

Simultaneamente, tenho me dedicado ao estudo da mente humana e às práticas contemplativas. Realizei muitos retiros e inclusive fiz uma incursão de autodesenvolvimento de seis meses na Ásia, passando mais de quatro meses nos Himalaias indianos, onde estudei com grandes mestres do estudo da consciência. Esta é uma das minhas fontes de referência quando falo sobre liderança consciente.

ESTAMOS DIANTE
DE UMA DEMANDA
UNIVERSAL POR
LÍDERES COM UMA
NOVA VISÃO, POR
PESSOAS CAPAZES
DE LIDERAR RUMO
A UMA NOVA
CULTURA.

@daniel.spinelli

A LIDERANÇA ENTROU NA MINHA VIDA POR ACIDENTE, LITERALMENTE

Minha história como líder começou de maneira inesperada. Eu tinha apenas 17 anos quando recebi a notícia de que meu pai havia sofrido um acidente. Naquele momento, minha família dependia da renda de uma pequena loja de materiais de construção e, devido ao acidente, meu pai precisaria se ausentar do trabalho por pelo menos três meses. Sem hesitar, tranquei a matrícula na faculdade e assumi a gestão do negócio, liderando uma equipe de oito colaboradores com a ajuda de uma irmã mais nova. Aquela foi minha primeira experiência como líder. Desde então, já se passaram mais de trinta anos, e nunca mais deixei de estar em uma posição de liderança.

O propósito de desenvolver pessoas vem de minha mãe, uma educadora de coração imenso. Com a experiência precoce como líder, acabei me voltando para a educação corporativa. Foi dela também, uma filantropa nata, sempre envolvida em algum projeto, que herdei o engajamento em causas sociais. Isso influenciou minha passagem por desafios de liderança em organizações sem fins lucrativos, entre eles um projeto internacional que me levou a trabalhar em diversos países, pelos quatro continentes.

Reconheço a influência dos meus saudosos pais, de quem herdei a missão de trabalhar com educação, colocar minha melhor energia naquilo em que acredito e ter sempre um propósito que transcenda a "mim" e "meus" interesses individuais.

POR QUE ESTE LIVRO PODE TRANSFORMAR SUA VIDA

Se este livro chamou sua atenção, é provável que você esteja tentando entender melhor como pode expandir sua consciência e elevar o nível da sua liderança para novos patamares. Talvez, você esteja se perguntando: *como posso ampliar minha capacidade de perceber* as coisas e antecipar soluções?; como posso aumentar minha efetividade como líder?; como posso pensar e agir fora da caixa neste mundo transitório?; e, principalmente, como posso liderar grandes realizações de maneira humanizada, desenvolvendo pessoas?

No fundo, sabemos que vida e trabalho podem ser menos desgastantes, mais prazerosos e, sobretudo, mais cheios de propósito e significado. Muitas vezes o que nos falta são conhecimentos e ferramentas para potencializarmos a nossa liderança. A nova cultura que estamos propondo pode levar a resultados extraordinários: ambientes de trabalho mais humanos e crescimento genuíno, tanto pessoal quanto profissional. Eu até arriscaria dizer, para quem isso ressoa, que pode ajudar na elevação da sua caminhada espiritual.

UMA NOVA CULTURA

Estamos vivendo uma era de mudança sem precedentes, tanto em termos de avanço tecnológico quanto na maneira como vivemos e trabalhamos. As organizações, independentemente do tamanho, enfrentam um chamado sutil, porém crescente, para um novo nível de consciência empresarial e social. Esse chamado se reforça quando olhamos para os crescentes índices de transtornos mentais – como depressão, estresse e burnout – entre as pessoas que dedicam a carreira ao mundo organizacional, e é ainda mais destacado pela sensação de vazio e falta de significado que muitas vezes permeia as conversas sobre carreira.

As tecnologias emergentes apresentam desafios adicionais. Segundo um estudo do Institute for the Future de 2019, quase 85% dos empregos que os alunos do ensino médio terão em 2030 ainda não foram inventados.[1] Esse ritmo acelerado de mudanças demanda

---

1 DELL TECHNOLOGIES/INSTITUTE FOR THE FUTURE. **Realizing 2030:** a divided vision of the future summary. 2019. Disponível em: https://www.delltechnologies.com/content/dam/delltechnologies/assets/perspectives/2030/pdf/Realizing-2030-A-Divided-Vision-of-the-Future-Summary.pdf. Acesso em: 25 jun. 2023.

desenvolver novas capacidades, como adaptabilidade, pensamento crítico, muita inteligência emocional e resiliência, conforme relatório sobre o futuro do trabalho publicado pelo Fórum Econômico Mundial em 2023, sobre as tendências para os próximos cinco anos.[2]

No livro *Reinventando as organizações*,[3] Frederic Laloux sugere que nossa sobrevivência coletiva pode depender da habilidade para atingir formas superiores de consciência e reparar nosso relacionamento com o planeta. Essa afirmação é reforçada a cada dia por diversos novos estudos sobre o futuro climático e social,[4] mas, como aponta Laloux, ainda é pequeno o número de líderes que percebem essa situação e que estão de fato buscando ampliar sua consciência e se qualificar, criando novas visões e habilidades para navegar e liderar nesse mundo incrivelmente mutante.

Este livro que você tem em mãos é uma convocação para líderes que querem ajudar a construir esse futuro. Que estão com disposição para acessar suas essências humanas, trazer o coração para o trabalho e se manifestar a partir de propósitos e valores mais nobres. Porque é apenas a partir da nossa humanidade que seremos capazes de responder a esse chamado sutil e à altura dos atuais desafios.

O QUE VOCÊ ENCONTRARÁ NESTA OBRA

Este livro é dividido em cinco partes principais. A primeira é **entender o problema**, na qual abordamos o estado atual da liderança e por que esse cenário precisa mudar. Em seguida, **criar consciência**, sobre como estamos imersos em uma cultura que

---

2 WORLD ECONOMIC FORUM. **The Future of Jobs Report 2023**. Disponível em: https://www3.weforum.org/docs/WEF_Future_of_Jobs_2023.pdf. Acesso em: 25 jun. 2023.

3 LALOUX, F. **Reinventando as organizações**: um guia para criar organizações inspiradas no próximo estágio da consciência humana. Curitiba: Voo, 2017.

4 NAÇÕES UNIDAS BRASIL. **Ações urgentes contra mudança climática são necessárias para garantir um futuro habitável**. https://brasil.un.org/pt-br/224004-ações-urgentes-contra-mudança-climática-são-necessárias-para-garantir-um-futuro-habitável. Acesso em: 25 jun. 2023.

precisa evoluir. A terceira parte é **entender as causas** do antigo modelo de liderança, para que possamos transpô-las. Na quarta parte, conheceremos **a solução** que nos ajudará a superar esses desafios. Por fim, a quinta parte detalha a **metodologia** de desenvolvimento da liderança, a qual está dividida em quatro dimensões: autoliderança, liderança de pessoas, visão sistêmica e legado.

TEMAS RELEVANTES E DE ALTO IMPACTO

A escolha dos temas abordados foi baseada em dois critérios:

* **Relevância:** vamos focar apenas aquelas habilidades mais relevantes para ampliação da sua consciência e da sua preparação para impactar culturas organizacionais de maneira positiva. Essa relevância foi verificada nos meus mais de trinta anos de experiência de liderança e desenvolvimento de pessoas, bem como por meio de pesquisas que serão apresentadas ao longo desta obra;
* **Impacto:** também consideramos o impacto potencial dessas habilidades e ferramentas. Por meio de conversas com líderes de alto desempenho e gestores de RH de organizações de diversos setores e tamanhos, pudemos entender o quanto essas habilidades contribuem para a transformação da cultura das equipes e organizações.

Ao considerar a combinação de relevância e impacto, os assuntos abordados são essenciais para líderes que buscam uma verdadeira evolução. O compromisso em refletir e aplicar o que aprender aqui não apenas enriquecerá sua compreensão da liderança como também ampliará seu valor como profissional, líder e ser humano.

Espero que esta obra atue como uma bússola, guiando você pelo caminho da liderança consciente e inspirando você a se tornar parte da vanguarda de líderes que estão construindo uma nova cultura.

Prepare-se para uma verdadeira jornada. Bom mergulho!

capítulo 1

Uma cultura em xeque

Pessoas que desenvolvem um olhar cuidadoso e honesto para o mundo organizacional a partir de uma perspectiva minimamente humanística vai se deparar, com frequência, com ambientes de trabalho nocivos, que estão levando as pessoas que ali trabalham a terem problemas de saúde física e mental. Mundialmente, temos batido recordes de doenças relativas ao mundo do trabalho, as "feridas" advindas da forma errônea como muitas organizações são conduzidas no aspecto humano nunca estiveram tão expostas. Tanto que a Organização Internacional do Trabalho (OIT),[5] com a Organização Mundial da Saúde (OMS), reforçam a necessidade de diretrizes para lidar com esse contexto. Além de todas as questões humanas envolvidas, as duas organizações estimam que o custo para a economia global por dias de trabalho perdidos anualmente devido à depressão e à ansiedade seja de quase 1 trilhão de dólares.

No atual momento da história das organizações há uma demanda emergente que precisa ser percebida pelas lideranças. Negligenciar esse fato pode comprometer drasticamente a

---

[5] OMS e OIT pedem novas medidas para enfrentar os problemas de saúde mental no trabalho. **Organização Internacional do Trabalho**, 2022. Disponível em: https://www.ilo.org/brasilia/noticias/WCMS_857127/lang--pt/index.htm. Acesso em: 25 jun. 2023.

UMA CULTURA EM XEQUE

longevidade e os próprios resultados dos projetos em médio e longo prazos. Ou seja, esse tipo de cultura organizacional com baixo nível de consciência se mostra insustentável, pois no decorrer do tempo as pessoas estão menos produtivas, menos criativas e cada vez mais doentes.[6] Líderes que não se atualizam com práticas mais modernas e que não introduzem um tom mais humano em sua gestão contribuem não só para que haja menos qualidade para pessoas e ambientes de trabalho, mas também ajudam a cavar, paulatinamente, a cova da própria empresa. E se olharmos para o ser humano que está exercendo a liderança, vemos também que não é raro encontrarmos tais profissionais enfrentando problemas psicoemocionais graves.

Quanto mais circulo pelas empresas, estudo o ambiente organizacional e converso com profissionais que lá trabalham, mais me engajo no propósito de fazer algo a respeito, de contribuir para a ampliação do nível de consciência nas organizações. Tenho acompanhado com os próprios olhos essa realidade alarmante, tanto do lado nocivo dessa cultura quanto do potencial transformador das crenças e práticas de uma liderança mais consciente. E é justamente isso que pretendo compartilhar com você.

IMPACTO DIRETO NAS PESSOAS

Uma pesquisa anual realizada pela Gallup , o relatório *Gallup Global Emotions*,[7] monitora anualmente, desde 2006, os índices do que são denominadas emoções negativas experimentadas no ambiente de trabalho. Nesse levantamento, avaliam-se os índices de estresse, tristeza, preocupação e dor física, culminando em um

---

6 MENTAL health at work. **World Health Organization**, 2022. Disponível em: https://www.who.int/news-room/fact-sheets/detail/mental-health-at-work. Acesso em: 25 jun. 2023.

7 GALLUP. **2023 Global Emotions Report**. Disponível em: https://drive.google.com/file/d/1z3QFkc_pwftT_Cml4jCjcAN64PT59Y3A/view?usp=drive_link. Acesso em: 25 jun. 2023.

índice global de infelicidade no trabalho. No último relatório, publicado em 2023, consta que o índice de infelicidade cresceu de 24 para 33 pontos desde 2006.

Crescimento da infelicidade no mundo
ÍNDICE DE EXPERIÊNCIA NEGATIVA

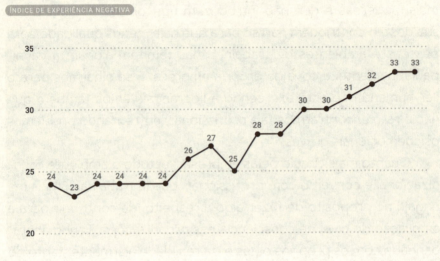

O que mais chama a atenção nesse gráfico é o aumento gritante do nível de infelicidade no trabalho enquanto deveríamos esperar justamente o contrário, pois nunca tivemos tantas tecnologias para facilitar a vida e tanto acesso à informação sobre felicidade e gestão emocional. Onde estamos nos perdendo? É como se estivéssemos **normalizando o inaceitável** do ponto de vista humano.

O mundo do trabalho enfrenta um paradoxo intrigante: para conquistar resultados duradouros e manter profissionais talentosos, as empresas precisam construir laços significativos com seus colaboradores. Mas o que percebemos, no entanto, é que a cultura organizacional vigente muitas vezes vai justamente no caminho contrário. Ou seja, as práticas de liderança predominantes, as quais deveriam estar justamente pavimentando um futuro mais favorável, estão, na realidade, criando um efeito negativo em cascata para as próprias organizações.

O IMPACTO DIRETO NOS NEGÓCIOS NÃO TARDA

O artigo "Saúde mental é agora uma métrica de negócios", publicado pela *Forbes* em 2021,[8] traz uma metanálise de algumas pesquisas mostrando que, até mesmo do ponto de vista financeiro, a falta de cuidado com as pessoas gera, em longo prazo, perdas significativas para os negócios e para a sociedade.

Um dos dados que mostram isso vem do jornal *Lancet*[9] de Medicina, que revela que os transtornos mentais estavam aumentando em todos os países do mundo e estimou que os problemas de saúde mental custarão à economia global 16 trilhões de dólares até 2030. Esse mesmo artigo menciona que "a menos que líderes forneçam a suas equipes os recursos de que precisam, a produtividade será prejudicada e a retenção cairá".

UMA CULTURA DE LIDERANÇA OBSOLETA

Ao observar esses dados, poderíamos afirmar que lideranças despreparadas intensificam alguns dos maiores problemas da sociedade hoje. Líderes que lançam mão de práticas equivocadas de gestão de pessoas geram perdas significativas para o futuro do próprio negócio, comprometendo a saúde e a qualidade de vida daqueles à sua volta. E quando a liderança é exercida com esse

---

8 FORBES TECHNOLOGY COUNCIL. Mental health is now a business metric. **Forbes**, 2021. Disponível em: https://www.forbes.com/sites/forbestechcouncil/2021/05/26/mental-health-is-now-a-business-metric/?sh=619635b4767a. Acesso em: 25 jun. 2023.

9 THE Lancet Commission on global mental health and sustainable development. **Lancet**, 10 out. 2018. Disponível em: https://www.thelancet.com/commissions/global-mental-health. Acesso em: 25 jun. 2023.

baixo nível de consciência, contribui também para a falta de significado e de saúde mental, alguns dos maiores problemas da humanidade. Tudo isso em nome de entregar metas corporativas de curto prazo. **É como cortar o próprio pé e usar essa dor para tentar correr mais rápido.**

Com base na minha experiência de mais de vinte anos oferecendo consultoria para dezenas de milhares de líderes em mais de duzentas organizações, posso afirmar que existem três qualidades-chave para a prosperidade de um negócio diretamente prejudicadas por ambientes de trabalho tóxicos:

1. Saúde;
2. Criatividade;
3. Engajamento.

O que poucos percebem é que um dos principais detratores dessas três qualidades é a cultura da própria organização, a qual é muito influenciada pelas práticas da liderança.

UM MODELO MENTAL RESTRITOR DE POTENCIAL HUMANO

A lenta evolução do modelo de liderança faz com que uma grande parte das organizações ainda esteja extremamente atrasada no processo de transição que estamos vivendo. Muitas pessoas em posições de liderança sofrem pressão ou são moldadas a valorizar resultados a todo custo, mesmo em detrimento das relações humanas. Muitas vezes, sequer têm consciência do impacto de seu modo de liderar na vida das pessoas, na sociedade e no planeta. Também não fazem ideia do quanto de energia, recursos e potencial acabam desperdiçando, tanto das pessoas que lideram quanto das próprias organizações nas quais atuam.

Ou seja, esse modelo de liderança, que vamos chamar aqui de "desumanizado", também é responsável por todo o impacto negativo que as organizações estão provocando nos seus colaboradores e nas demais pessoas envolvidas direta ou indiretamente nas respectivas operações. Costumo encontrar líderes, mesmo com pouco tempo de carreira, que se sentem com desequilíbrio emocional, muitas vezes precisando recorrer ao uso de psicotrópicos para sustentar um estilo de vida acelerado em excesso, baseado em resultados por pressão psicológica e com objetivos superficiais, materialistas e/ou pouco engajadores.

UMA GOTA DE AUTOCONSCIÊNCIA

Como resultado desse cenário, não é raro grandes profissionais do mundo corporativo voltarem de um período de férias, quando têm tempo para refletir, pensando em largar tudo e mudar radicalmente a carreira para algo com mais propósito, muitas vezes chamando isso de "autolibertação". Uma pesquisa publicada pela revista *Forbes* em 2022[10] mostrou que 44% dos mil entrevistados pensaram em pedir demissão durante as férias, e quase metade deles efetivou o pedido ao voltar ao trabalho. Ou seja, uma pausa relativamente curta, suficiente para trazer uma gota de consciência, induz muitas pessoas a colocar a vida na balança e se questionar quanto ao legado que estão construindo, o que estão fazendo com a própria vida e, em muitos casos, se seus valores estão alinhados com os praticados no ambiente de trabalho.

---

10 ROBISON, B. The post-vacation quitting trend and how employers can reverse it. **Forbes**, 2022. Disponível em: https://www.forbes.com/sites/bryan robinson/2022/08/27/the-post-vacation-quitting-trend-and-how-employers-can-reverse-it/?sh=24473cf8e91e. Acesso em: 25 jun. 2023.

VIVEMOS, HOJE,
UM MOMENTO
CRÍTICO EM QUE
O PODER (ATRAVÉS
DA TECNOLOGIA
E DO ACESSO À
INFORMAÇÃO) ESTÁ
À DISPOSIÇÃO DE
TODOS AQUELES
QUE EMPREENDEM
ALGUM ESFORÇO
DE APRENDIZADO E
DESENVOLVIMENTO.

@daniel.spinelli

A RESPONSABILIDADE DA LIDERANÇA E POR QUE AS EMPRESAS DEVEM RAPIDAMENTE REVER CERTAS CRENÇAS

Sabemos que toda cultura organizacional começa pelas práticas de liderança, ou seja, os modelos de gestão predominantes são, em grande parte, a razão pela qual o mundo das organizações está contribuindo para uma sociedade doente, um planeta ameaçado e vidas com propósitos superficiais.

O nível crescente de competitividade do mercado e a necessidade contínua de adaptação em uma sociedade que muda de valores rapidamente são uma ameaça à sobrevivência das empresas que não têm times saudáveis, criativos e engajados. Melhorar as habilidades de liderança para um modelo mais humano não é apenas uma opção para quem quer orquestrar times e projetos de maneira mais responsável, é agora também uma questão de sustentabilidade do próprio negócio.

SEQUELAS DAS MÁS PRÁTICAS DE LIDERANÇA

Segundo a International Stress Management Association (ISMA),[11] 72% dos profissionais estadunidenses são considerados estressados e 70% dos brasileiros vivem em estado de esgotamento profissional. No Japão, o índice é de 85%. Essa é uma crise global que fomenta uma série de reações negativas nos desempenhos individuais e organizacionais.

---

11 ISMA. Burnout: problema é reconhecido pela OMS e faz cada vez mais vítimas. **ISMA Brasil**, 2022. Disponível em: https://www.ismabrasil.com.br/noticia/burnout-problema-e-reconhecido-pela-oms-e-faz-cada-vez-mais-vitimas-veja-saude. Acesso em: 27 jul. 2023.

O artigo "Employee burnout, part 1: the 5 main causes",[12] publicado pela Gallup em 2018, mostra que os principais fatores que levam as pessoas ao esgotamento físico e mental têm **menos a ver com o volume de trabalho e mais com o modo como a pessoa é liderada**. Nas organizações em que as lideranças reforçam comportamentos como favoritismo, preconceitos, comentários ofensivos ou constrangedores e até mesmo maus-tratos, há, conforme afirma a publicação, **duas vezes mais chances** de a equipe experimentar alto nível de estresse.

E as sequelas não se limitam ao escritório. Profissionais que experimentam altos níveis de esgotamento afirmam quase duas vezes mais que também não conseguem manter e nutrir um convívio saudável com a família e os amigos.

Muito mais do que resultados, vidas reais estão em nossas mãos, e são esses fatores que mostram a urgência de nós, como líderes, olharmos com atenção para essa realidade. Temos a escolha diária de liderar de maneira mais humana e favorecer o surgimento de organizações conscientes sobre o impacto que causam na sociedade e no planeta. Nós, líderes, temos a oportunidade de usar o nosso poder de resolução em um nível de consciência mais elevado e sermos capazes de, além de entregar excelentes resultados em curto e longo prazos, também promover engajamento, colaboratividade, saúde e bem-estar.

IMPACTOS HUMANOS

As organizações que operam com a crença de que a liderança necessariamente tem de gerir pessoas por meio do uso do modelo de comando e controle geram **dois graves problemas que afetam a si mesmas**.

---

12 EMPLOYEE burnout, part 1: the 5 main causes. **Gallup**, 2018. Disponível em: https://www.gallup.com/workplace/237059/employee-burnout-part-main-causes.aspx. Acesso em: 27 jul. 2023.

UMA CULTURA EM XEQUE

O primeiro, evidentemente, é que **as pessoas que ali trabalham experimentam altos níveis de estresse e ansiedade**, principalmente por acessarem constantemente emoções aflitivas como o medo – por exemplo, de serem demitidas, de não serem promovidas ou de serem desconsideradas. Com isso, profissionais imersos nesse tipo de ambiente tóxico têm maior chance de enfrentar crises de saúde e perda de engajamento.

O segundo problema é **a crença de que só é possível prosperar na carreira se a sua maneira de liderar for no modelo de comando e controle**. O que tenho visto é que quem ainda adota esse estilo de liderança carece de táticas, competências e ferramentas de gestão de pessoas. E se não mudarem isso, ficarão mais distantes do mundo emergente do trabalho que vem se construindo. Estão perdendo também a grande oportunidade de deixar rastros mais positivos nas pessoas que lideram – o que, na minha opinião, é uma das maiores recompensas pessoais que uma carreira de líder vai entregar.

SOBRE O MITO DE PARECER BONZINHO

Existe um perigo quando oscilamos entre os extremos ao discutir a transformação das práticas de liderança. Muitas vezes, caímos no equívoco de acreditar que a única alternativa a um líder tóxico é um líder excessivamente complacente. Essa crença resulta na disseminação de um mito sobre aqueles que tentam se afastar do modelo de liderança com base no medo e no supercontrole, pois, neste caso, acredita-se que a única imagem possível de uma liderança mais humana seria a de pessoas apenas preocupadas em agradar os outros e, por isso, ineficiente.

No entanto, é importante compreender que existe um ponto intermediário entre esses dois extremos. Líderes que buscam aprimorar suas habilidades podem, de fato, equilibrar qualidades humanas com a capacidade de alcançar resultados extraordinários. Ao encontrar esse equilíbrio, é possível impulsionar tanto as

A POTÊNCIA DA LIDERANÇA CONSCIENTE

pessoas quanto as organizações de maneira saudável, longeva e efetiva.

Com essa perspectiva em mente, podemos romper com esse mito e explorar novas abordagens de liderança cujo poder e eficácia se baseiam justamente na sua humanidade.

UMA OPORTUNIDADE DE VIDA

Uma das maiores oportunidades de carreira no momento é justamente para profissionais capazes de aplicar práticas mais humanas de liderança, com base num nível mais amplo de consciência. E, justamente por saberem liderar dessa maneira, também serão capazes de entregar resultados extraordinários ao mesmo tempo que semeiam um futuro brilhante para si, para as pessoas que lideram e para as organizações para as quais trabalham. Como fazer isso então? É isso que veremos na metodologia que apresentarei nos próximos capítulos.

UMA NOVA DINÂMICA DE PODER, ESSA LUTA VOCÊ JÁ CONHECE

O que faz os heróis do cinema conquistarem o poder? Na saga *Star Wars*, por exemplo, Luke Skywalker é o herói que representa a Aliança Rebelde, grupo que luta pelo equilíbrio da galáxia ameaçada pelo Império Galáctico, comandado por Darth Vader. A luta entre os dois personagens é mais do que um simples combate físico, é um duelo épico de vontades e valores que explora os conflitos internos entre o lado luminoso e o lado sombrio da Força. Para a felicidade dos espectadores, Luke resiste às próprias tentações e medos, e desenvolve suas habilidades de combate para tornar-se um líder inspirador, que passa ainda a compartilhar os seus conhecimentos com as novas gerações de Jedis.

Na trilogia de filmes de Peter Jackson, *O senhor do anéis*, em que o personagem principal, Frodo, recebe a tarefa de destruir o Anel do Poder, uma arma maligna capaz de dominar toda a Terra-média. Ao longo do caminho, o Anel começa a afetar a mente de Frodo, mas ele resiste às tentações graças à sua força interior e aos valores que aprendeu na jornada, como lealdade, confiança e coragem. Mais uma vez, para a satisfação do público, Frodo consegue destruir o objeto e sua coragem inspira a todos que lutaram ao seu lado. Sua jornada o transformou em um herói que não só salvou o mundo, mas também deixou seu legado.

O que essas e muitas outras histórias de sucesso têm em comum com o mundo das organizações? A presença do dilema moral que rege a humanidade: *para que fim utilizamos nosso poder?* Vivemos, hoje, um momento crítico em que o poder (através da tecnologia e do acesso à informação) está à disposição de todos aqueles que empreendem algum esforço de aprendizado e desenvolvimento. E quem faz isso amplia a sua capacidade de deixar marcas profundas na vida das pessoas, na sociedade e no planeta.

Tanto Luke quanto Frodo alcançam seus objetivos com integridade e conquistam o poder por meio de sua conexão e fidelidade com seus valores éticos e morais. Apesar das tentações de seguir caminhos mais fáceis e curtos para o sucesso, o que realmente guia as pessoas bem-intencionadas a superar grandes desafios, vencer adversários poderosos e gerar impactos positivos é a prática do bem coletivo. Essa conclusão é reforçada não apenas em pesquisas como as que apresentarei ao longo desta obra, mas também na minha própria experiência de trabalho. Ao longo da minha história, tive a oportunidade de conviver com vários líderes, em diversos níveis hierárquicos, que têm realizado trabalhos incríveis e deixado legados inspiradores. Ou seja, liderar com o coração é necessário e possível!

A POTÊNCIA DA LIDERANÇA CONSCIENTE

CHEGOU A HORA DE AVANÇAR PARA O PRÓXIMO NÍVEL

Ainda no universo cinematográfico, imagine que você está agora em um momento decisivo como o de Neo, personagem principal do filme *Matrix*, que precisa optar por tomar uma pílula azul ou vermelha. A primeira significa continuar vivendo na ilusão, enquanto a segunda, o despertar e se preparar para uma nova realidade.

Assim como Neo, você tem o poder de fechar e engavetar esse desejo de conexão mais profunda com seu propósito como líder, ou então seguir e ganhar uma nova força. Caso escolha avançar, tenha a certeza de que você construirá uma nova visão de realidade, não necessariamente cômoda, mas que pode mudar a sua vida para sempre.

Neste capítulo, eu trouxe um pouco à tona algumas "feridas" do mundo organizacional. É chegada a hora de elevar a nossa consciência como líderes e nos prepararmos verdadeiramente para os desafios. Vamos nos equipar para transformar a maneira como estamos impactando o futuro das pessoas, dos demais seres e do planeta. Vim aqui para mostrar que tudo pode ser diferente. E se você está com disposição para avançar comigo, saiba que está com um bom manual em mãos. Fazer como Neo e continuar lendo este livro é como decidir tomar a pílula da consciência e entrar na arena de aprendizado. Você está prestes a abrir sua visão para o que a maioria das pessoas ainda não percebe e receber grandes ferramentas comprovadas para ampliar seu poder de liderar.

Então pergunto: quer vir comigo nesta jornada?

capítulo 2

Reflita comigo

CASE 1: UMA LIDERANÇA EM COLAPSO

Quero apresentar Carla, uma executiva que atua há dez anos como líder em uma multinacional e que, há algum tempo, está mergulhada em um superdesafio profissional. Veja o que está acontecendo.

Certo dia, Carla para um pouco sua agitação da rotina de líder e percebe que sua carreira foi construída em detrimento de sua qualidade de vida e de seus valores. Embora sinta a necessidade de mudanças profundas, é facilmente arrastada por suas atividades e acaba adiando a reflexão para o futuro. Apesar de entender a importância de manter-se saudável, equilibrada e fiel aos seus valores, Carla não encontra tempo para implementar as mudanças de que precisa em sua vida.

À noite, ela dá uma olhada nas redes sociais ou notícias antes de finalmente se deitar e fechar os olhos. A mente agitada a impede de dormir bem. Na manhã seguinte, ao acordar, nota que sua cabeça continuou trabalhando, mesmo enquanto dormia, e o primeiro instinto é checar e-mails e mensagens. Carla se sente viva com tudo isso, mas também ansiosa, estressada e em constante hiperatividade.

Com uma agenda lotada de reuniões, e-mails para ler e decisões importantes para tomar, Carla sente-se pressionada para gerar resultados. Sua organização espera muito dela e lança novos desafios sempre. Como líder, ela deve repassar essas expectativas e atividades para a equipe e precisa fazer os colaboradores alcançarem os resultados necessários. Para isso, ela lança mão das ferramentas de liderança e dos recursos tecnológicos que possui, mas fica com a sensação de

A POTÊNCIA DA LIDERANÇA CONSCIENTE

que é insuficiente. É como se o desafio fosse maior do que ela e dos recursos disponíveis.

Parte do time não parece comprometido, então, muitas vezes, Carla usa estratégias de força e controle para obter as entregas necessárias, mas consequentemente algumas relações se desgastem e a qualidade do ambiente de trabalho fica comprometida. Ela sente-se despreparada para lidar com os desafios de liderar em um ambiente de pressão excessiva por resultados. O que ela mais sente falta era de poder lidar com as situações com mais inteligência emocional, engajar o time e ter mais equilíbrio entre trabalho e vida pessoal.

UMA LIDERANÇA EM TRANSFORMAÇÃO

O que percebemos na história de Carla é que ela está no "mesmo barco" de muitas pessoas em cargos de liderança. Sua qualidade de vida está comprometida, sofre grande pressão pela entrega de resultados, está imersa num ambiente com modelo de liderança controlador e de comando e não conhece ou não domina as habilidades e práticas que a ajudariam a liderar melhor. Tais habilidades poderiam ajudá-la a alcançar os resultados com mais leveza e, ao mesmo tempo, cuidar muito mais das pessoas do time e de si mesma.

A hipotética história de Carla pode se conectar com a de diversos profissionais que enfrentam desafios semelhantes na carreira. Talvez você mesmo tenha se reconhecido por estar lidando com alguns desses desafios. Quem sabe você esteja se sentindo em constante pressão para entregar resultados, com sobrecarga e/ou sacrificando a qualidade de vida e o bem-estar de maneira significativa. Talvez você, assim como Carla, também não domine as habilidades necessárias para lidar com esses desafios tanto quanto gostaria e para construir uma cultura em que a performance do time esteja apoiada em um ambiente de trabalho mais saudável e humano.

REFLITA COMIGO

A boa notícia é que, se esse também é o seu caso, você não está só. É de conhecimento geral que muitos líderes enfrentam essas mesmas questões e vêm se perguntando se existem maneiras de melhorar sua liderança e qualidade de vida. E o nosso objetivo aqui é justamente trazer reflexões e ferramentas para ajudar você a liderar de maneira mais humana e eficaz, além de promover saúde mental e bem-estar emocional.

A mensagem que me sinto na missão de passar adiante é que é possível transformar a cultura organizacional e construir ambientes de trabalho mais saudáveis e produtivos. É sim possível desenvolver nossa capacidade como líderes de realmente fazer melhor. Na verdade, já somos uma legião de pessoas subvertendo aquele formato desumano de liderança. Diferentemente das anteriores, a nova cultura não negocia valores éticos e não deixa de liderar com base na própria humanidade. Quero mostrar que pessoas que pensam dessa forma mais humana, consciente e responsável estão ganhando cada vez mais espaço. A nova cultura de liderança está transformando a visão sobre como gerir projetos de maneira extraordinária e construir resultados de modo consistente e duradouro. E é justamente dessa nova liderança que dependerá o futuro do mundo das organizações.

Vamos ver como pode seguir a história da Carla, que, diante de todos os desafios enfrentados, percebeu que precisava fazer algo a respeito, pois, se ficasse ali vivendo aquela situação desconfortável e se sentindo vítima das circunstâncias, as coisas poderiam levar muito tempo para mudar ou, pior ainda, nunca mudariam.

Carla resolveu, então, assumir a responsabilidade pelas mudanças necessárias. Ela decidiu mergulhar em um processo de transformação das suas crenças e práticas profissionais. Começou a buscar conhecimento e a desenvolver habilidades humanas para se tornar uma líder mais eficaz. Se comprometeu a aprender mais sobre gestão emocional, comunicação e liderança consciente. Também percebeu que o autoconhecimento era uma

A POTÊNCIA DA LIDERANÇA CONSCIENTE

etapa importante do processo de evolução que desejava e começou também a investir energia nesse aspecto. Nesse mergulho para dentro de si, revisitou seus valores e refletiu sobre qual legado queria deixar para o mundo.

Progressivamente, Carla começou a evidenciar que um time gera melhores resultados quando tem senso de pertencimento, quando está num ambiente em que há cuidado com as pessoas e os relacionamentos são construídos com base no respeito mútuo e nos objetivos comuns. O clima na equipe começou a se transformar, e seus colaboradores se sentiam mais valorizados e engajados. A confiança e a colaboração se fortaleceram, e a produtividade também aumentou de maneira surpreendente.

Esses resultados não passaram despercebidos pela diretoria da empresa. Eles observaram a mudança positiva de Carla liderando sua equipe e reconheceram nela uma líder potencial para cargos estratégicos. Carla foi então convidada para participar de projetos de maior impacto e responsabilidade, nos quais suas habilidades humanas e sua visão inspiradora são necessárias.

Com o tempo, Carla tornou-se referência em liderança dentro da organização. Hoje ela compartilha seus aprendizados com outros líderes, e diversos profissionais de dentro da empresa passaram a vê-la como uma mentora, ajudando assim a construir uma cultura organizacional mais forte e saudável.

O desenvolvimento contínuo de Carla como líder é uma jornada sem fim. Ela compreendeu que o crescimento pessoal e aprimoramento das habilidades humanas são fundamentais para liderar com excelência no novo mundo do trabalho. Carla se torna uma inspiração não apenas para as pessoas que passaram pelos seus times de trabalho, mas também para todos ao redor, impactando de maneira positiva até mesmo a vida de pessoas que não a conhecem pessoalmente.

A história de Carla que conto aqui é ficcional, mas foi construída e inspirada na realidade de diversos líderes com quem tive a oportunidade de interagir durante a minha caminhada. Ou seja, apesar de não ser precisamente uma história real, ela reflete um caminho possível de uma realidade por mim muitas vezes evidenciada. Líderes

REFLITA COMIGO

como a que mencionei são uma das minhas maiores fontes de inspiração e conhecimento para o conteúdo dessa história.

CASE 2: AS CONSEQUÊNCIAS DE UMA CULTURA NOCIVA NAS ORGANIZAÇÕES

Mario trabalhou muitos anos em uma grande empresa de tecnologia. Como em boa parte das organizações, a pressão era uma constante, e para atingir os resultados esperados ele precisava, muitas vezes, trabalhar além do horário e até mesmo agir de maneira coerciva com a equipe. Embora muito reconhecido com salários e benefícios, Mario não se sentia satisfeito com o emprego e o ambiente de trabalho, mas não sabia exatamente por quê.

Além da pressão para atingir as metas da empresa, eram diários também os desafios com os colegas de trabalho, que muitas vezes prejudicavam o desempenho ou a reputação de pessoas da equipe por meio de omissões, mentiras e fofocas.

Pelo acúmulo desses acontecimentos, ainda que não estivesse percebendo, a saúde e a qualidade de vida de Mario estavam seriamente comprometidas. Ele enfrentava problemas relacionados ao estresse, como insônia, oscilação constante de peso, crises de ansiedade, falta de motivação para novos projetos, enxaquecas, dores nas costas e sensação de esgotamento. Apesar desses sintomas, ele nada fazia para buscar ajuda, pois não havia tempo na agenda para isso. Na verdade, ele sequer sabia que precisava de ajuda. Foi quando, em uma manhã de segunda-feira, Mario não conseguiu reunir forças para sair da cama. Seu corpo parecia afundado em um mar de fadiga, e a simples ideia de se levantar e enfrentar mais um dia de trabalho se tornou insuportável. As demandas implacáveis e o estresse constante haviam minado sua saúde física e mental, deixando-o sem energia, sem motivação e completamente paralisado naquele dia. Enquanto ele fitava o notebook na cabeceira da cama, pensou: *acho que preciso de ajuda.*

Após contactar a empresa e contar o que estava acontecendo, Mario começou a fazer pesquisas em busca de ajuda e logo encontrou indicações de profissionais que poderiam apoiá-lo. Algumas semanas depois, no entanto, ainda durante o tratamento, Mario foi ganhando consciência de que a situação era preocupante, que estava inserido em um ambiente tóxico, se alimentando e sendo alimentado pela negatividade – o que o motivou a questionar seu trabalho.

Ele vivia um impasse, pois sentia-se apegado ao emprego e temia tomar a decisão de sair – já que era bem remunerado, estava em um cargo desejado por muitos e, principalmente, seu estilo de vida dependia daquele nível salarial. No entanto, nada disso parecia suficiente para compensar a insatisfação e a angústia gerada por aquele ambiente de trabalho. À medida que era apoiado com terapias, Mario foi descobrindo que diariamente muitos profissionais passam pelo mesmo tipo de situação e que isso pode ser mais grave do que parece. Amigos e parentes próximos tentavam mostrar que não havia mais como conciliar seu ritmo de trabalho com uma vida minimamente saudável. Na empresa, a pressão e o estresse aumentavam ainda mais e a própria forma como os líderes e colegas reagiram à situação mostrou que sua permanência na empresa ficara impraticável. Mario, então, pediu demissão.

LIDERANÇA E FELICIDADE

A história que acabo de contar ilustra o que já vi acontecer inúmeras vezes na minha carreira como líder. Conheci de perto pessoas que passaram pela mesma situação do Mario, que aqui é um nome fictício, mas representa a jornada de muitas pessoas que vivem anos em um ambiente de trabalho nocivo e que precisaram chegar ao limite para perceber, muitas vezes da pior maneira, o estilo de vida tóxico que estavam adotando.

A história de Mario representa a de milhares de pessoas que todos os anos são diagnosticadas com burnout no Brasil.[13] Sei que isso trouxe um tom mais denso aqui para a sua leitura, mas é importante sentir um pouco do que está acontecendo no mundo

---

13 ISMA. *op. cit.*

É SIM POSSÍVEL DESENVOLVER NOSSA CAPACIDADE COMO LÍDERES DE REALMENTE FAZER MELHOR. NA VERDADE, JÁ SOMOS UMA LEGIÃO DE PESSOAS SUBVERTENDO AQUELE FORMATO DESUMANO DE LIDERANÇA.

@daniel.spinelli

A POTÊNCIA DA LIDERANÇA CONSCIENTE

profissional, muitas vezes de maneira velada. Temos negligenciado o perigo da toxicidade nos ambientes de trabalho, que obriga bons profissionais a sair de cena quando percebem o quão nocivo é determinado estilo de vida. E é justamente para ajudar a mudar isso que escrevo estas palavras, convidando você a se juntar ao movimento de pessoas interessadas em transformar essa realidade por meio de uma liderança mais humana.

Não necessariamente será um caminho fácil, pois se trata de uma cultura bastante arraigada em muitos lugares, mas você vai receber, a seguir, ferramentas muito poderosas para desenvolver as habilidades e atitudes necessárias para o seu trabalho de transformação interna (que acontecerá dentro de você) e externa (que acontecerá nas equipes e nos projetos que você liderar).

A pesquisa "The happiness dividend",[14] realizada pela *Harvard Business Review*, revelou que pessoas felizes são 31% mais produtivas, 85% mais eficientes e 300% mais inovadoras. Algumas organizações já compreendem o bem-estar como uma peça-chave para a sua sustentabilidade em longo prazo. Muitas até criaram a função de "Direção de Felicidade". Esse cargo, simplificando aqui, tem por missão cuidar, de maneira estratégica, de ações que promovam felicidade e bem-estar aos seus times. Mais pessoas e organizações precisam despertar para essa prática de focar a felicidade e o bem-estar de seus liderados e colaboradores.

No lado oposto desse cenário, organizações que ainda cultivam uma cultura tóxica acabam perdendo grandes talentos, produtividade e engajamento. Ou seja, perdem em longo prazo até mesmo os resultados financeiros que tanto buscam. Lembra da pesquisa realizada pela Organização Mundial da Saúde (OMS)[15] que mostrou

---

14 THE happiness dividend. **Harvard Business Review**, 2011. Disponível em: https://hbr.org/2011/06/the-happiness-dividend. Acesso em: 27 jul. 2023.

15 MENTAL health at work. **World Health Organization**, 2022. Disponível em: https://www.who.int/teams/mental-health-and-substance-use/promotion-prevention/mental-health-in-the-workplace. Acesso em: 25 jun. 2023.

que a depressão e a ansiedade custam à economia global 1 trilhão de dólares a cada ano, principalmente por causa da redução da produtividade? O mundo clama por uma nova visão de liderança!

LÍDERES QUE BRILHAM

Meu trabalho como facilitador de aprendizagem corporativa possibilitou que eu interagisse com líderes singulares que demonstram ser possível inspirar, deixar um legado positivo e potencializar resultados e pessoas. Em muitos workshops que conduzi, tive a satisfação de reencontrar participantes de eventos anteriores e observar o quanto alavancaram suas carreiras como líderes depois que aplicaram o aprendizado. Frequentemente, recebo feedbacks de profissionais de destaque em posições estratégicas de grandes empresas, compartilhando quais ferramentas têm sido mais eficazes em suas jornadas de liderança.

Para desenvolver a metodologia deste livro, selecionei as abordagens que estudei e apliquei, que consistentemente geram resultados positivos e transformadores.

A boa notícia é que, ao estar aqui, você demonstra prontidão para trilhar o caminho do autoconhecimento e da evolução. Com este guia e a prática constante, você vai adquirir novas ferramentas e hábitos, e, desse modo, aprimorar suas habilidades para liderar de maneira excepcional e diferenciada. Antes, porém, precisamos olhar para a origem e entender o que está por trás dessa cultura nociva. Só assim poderemos desativá-la. Vamos para o próximo nível?

capítulo 3

Será que nossos heróis sabiam para onde estavam indo?

A o longo de nossa jornada até aqui, analisamos uma crise emergente no universo corporativo sustentada por uma cultura de liderança antiquada e fadada a tornar-se obsoleta. As organizações que não cuidarem de suas culturas enfrentarão cada vez mais dificuldades para atrair e reter talentos, e correm o risco de ter a reputação prejudicada por contribuírem, mesmo que indiretamente, para os grandes problemas que assolam nossa sociedade.

Se quisermos de fato embarcar nesse novo movimento de liderança, é crucial compreendermos as raízes do problema. Identificar e entender essas causas é o primeiro passo se estivermos realmente dispostos a transformar nossa liderança. Ao longo de minha carreira, interagindo com uma ampla gama de líderes e organizações, identifiquei quatro causas fundamentais que influenciam o modelo mental de muitas pessoas quando lideram.

SERÁ QUE NOSSOS HERÓIS SABIAM PARA ONDE ESTAVAM INDO?

Como as peças de um quebra-cabeça, elas são obstáculos que precisam ser superados para que possamos evoluir além de uma liderança convencional. No entanto, com os desafios, surgem as oportunidades. Se estamos levando a sério a ideia de liderar rumo a uma nova cultura, devemos encarar essas causas, identificá-las em nosso próprio estilo de liderança e trabalhar diligentemente para superá-las.

Quero, então, convidar você a olhar para cada um desses fatores que influenciam a forma como nós lideramos. Esse é um momento-chave para tomar consciência e se libertar dessas influências distorcidas do que venha a ser "liderar". Lembre-se de que não estou aqui para oferecer fórmulas mágicas ou soluções milagrosas. Pelo contrário, o que proponho é encarar um trabalho mais profundo, que demanda autorreflexão, preparação e, sobretudo, disposição para praticar.

Dependendo do tamanho da sua exposição a essas situações que veremos a seguir, mais disciplina de sua parte será necessária para reconfigurar suas crenças e práticas. Mas nunca se considere um caso perdido, uma transformação pode demandar mais ou menos energia, no entanto é sempre possível.

Se você quer de fato protagonizar mudanças em seu meio, promovendo uma nova cultura de trabalho a partir de sua liderança, é preciso fazer essa "faxina" em suas crenças. Vamos a elas?

1. A INFLUÊNCIA DA FORMAÇÃO ESCOLAR

De uma maneira geral, tanto na educação básica quanto na educação superior nossos modelos educacionais, mesmo que em evolução, ainda cultivam uma cultura de aprendizado direcionada majoritariamente ao aspecto técnico. O que significa que as pessoas têm poucas oportunidades, nesses espaços, de desenvolver seu lado comportamental e emocional. É possível identificar um movimento – a meu ver ainda embrionário – de algumas poucas escolas e universidades preocupadas em abordar as competências socioemocionais em sala de aula. Mesmo assim, muitas instituições de ensino ainda hoje não aprofundam o trabalho em equipe, pouco incentivam o pensamento crítico e muito menos a aprendermos a lidar com o aspecto emocional e relacional.

NA ESCOLA

Um olhar mais atento perceberá que a formação escolar tradicional pode contribuir de várias maneiras para o surgimento de ambientes de trabalho tóxicos e o fortalecimento de modelos ortodoxos de liderança que usam o estilo de comando e controle.

As características que apresentarei a seguir, no entanto, não são universais. Há escolas e programas educacionais que trabalham para desafiar esses padrões e fornecer uma educação mais holística e centrada no aluno. Uma sugestão de leitura é o livro *Sala de aula invertida*,[16] em que os autores questionam o modelo tradicional de ensino e propõem uma nova abordagem.

De qualquer forma, não podemos ignorar o fato de que muitos de nós fomos expostos a esses fatores e, a partir deles, podemos ter criado referências equivocadas de como um ambiente de trabalho ou uma liderança devem funcionar. Isso reforça ainda mais a importância de ter consciência sobre a influência que recebemos em nossa formação escolar, por exemplo:

- **Enfoque no desempenho individual:** muitas escolas valorizam a performance individual, premiando os alunos que alcançam as melhores notas. O medo de não conseguir competir efetivamente, de receber notas baixas ou de falhar nos exames pode ser particularmente intenso em um ambiente que valoriza, sobretudo, a performance individual. Isso pode levar à formação de uma mentalidade de competição, na qual o sucesso dos outros é visto como uma ameaça ao próprio sucesso;

---

16 BERGMANN, J.; SAMS, A. **Sala de aula invertida:** uma metodologia ativa de aprendizagem. Rio de Janeiro: LTC, 2016.

* **Aprendizado padronizado:** o sistema de ensino tradicional muitas vezes prioriza a padronização em detrimento da criatividade e da inovação. Os alunos são ensinados a seguir instruções precisas e a se conformar com um padrão. Esse tipo de criação pode, no futuro, levar ao desenvolvimento de ambientes em que um líder precisa dar as regras e saber todas as respostas. O medo de ser diferente ou de não se encaixar nos moldes aceitáveis pode minar a capacidade criativa e de reinvenção de um indivíduo e de times de trabalho;
* **Avaliação quantitativa:** a avaliação do desempenho dos alunos geralmente se baseia em critérios quantitativos, como notas de exames. Isso pode incentivar a mentalidade de que o valor de um indivíduo pode ser medido unicamente em termos numéricos, e assim criar ambientes de trabalho focados exclusivamente nos indicadores de performance. O medo de não atingir os padrões ou de ser comparado desfavoravelmente aos colegas pode se tornar um gatilho de manipulação do comportamento por lideranças despreparadas;
* **Pouca ênfase nas habilidades socioemocionais:** muitas escolas não dão o devido valor ao desenvolvimento de habilidades socioemocionais, como empatia, colaboração e comunicação eficaz. Apenas recentemente, em 2018, a Base Nacional Comum Curricular (a BNCC, que é o documento que serve como um referencial para a elaboração dos currículos escolares do Brasil) passou a considerar as competências socioemocionais fundamentais para o desenvolvimento integral dos alunos.[17] Para grande parte dos educadores da formação escolar

---

17 MINISTÉRIO DA EDUCAÇÃO. **Base Nacional Comum Curricular**. Disponível em: http://basenacionalcomum.mec.gov.br/a-base. Acesso em: 27 jul. 2023.

tradicional, trabalhar com os aspectos da inteligência emocional, da gestão de conflitos e de como lidar com a diversidade é algo relativamente novo. Com isso, mesmo os trabalhos em equipe propostos acabam olhando, na maioria das vezes, apenas para a entrega do grupo, sem levar em consideração os aspectos relacionais do processo da construção conjunta.

A falta dessas habilidades no ambiente de trabalho acaba contribuindo para a falta de capacidade de lidar com as relações humanas, gerando, muitas vezes, uma cultura de relações mecanizadas e ambientes pouco colaborativos.

NAS GRADUAÇÕES E PÓS-GRADUAÇÕES

Nesses dois ambientes também não é diferente. Profissionais de destaque que assumem cargos de liderança muitas vezes foram preparados apenas para lidar com aspectos técnicos do trabalho. A não ser que tenha escolhido estudar algo na área de humanas, você dificilmente desenvolverá competências socioemocionais. Há alguns anos, eu cursei um MBA em gestão estratégica, com excelente conteúdo, porém abordando muito pouco a questão humana e relacional. Na prática, sabemos que sem as pessoas é muito difícil fazer qualquer outra coisa dar certo. Ou seja, essas formações, em grande parte, também não estão preparando o tipo de liderança que tanto gostaríamos de ver nas organizações, e é exatamente essa lacuna de habilidades que notamos nos ambientes de trabalho tóxicos.

Mas atenção: não estou desincentivando os estudos, pelo contrário, a educação formal é base importante no desenvolvimento de grandes líderes, e sou profundamente grato a muitos dos meus professores e instituições de ensino por onde passei. Aprendi muito com cada um deles. O ponto que chamo a atenção é que houve, para muitos de nós (sim, eu me incluo nisso), uma enorme lacuna na nossa preparação quando enfrentamos o desafio de liderar pessoas e em como enxergamos as relações interpessoais no trabalho.

Somos uma sociedade que, historicamente, vem relevando a importância das habilidades humanas, especialmente na formação de líderes.

2. POUCAS INICIATIVAS INTERNAS PARA COMPENSAR ESSA LACUNA

As relações humanas são essenciais para o bom desempenho de qualquer grupo de trabalho. Mesmo sabendo que muitos de nós chegamos à fase profissional com uma significativa lacuna de habilidades socioemocionais, a maioria das organizações não tem dado a devida atenção ao tema. Nos deparamos, então, com a próxima causa: a escassez de programas de desenvolvimento de líderes nas empresas, consistentes o suficiente para fazer frente à transformação necessária.

Um estudo realizado pela Deloitte[18] com mais de dez mil profissionais ao redor do mundo, inclusive no Brasil, revelou que 94% dos profissionais reconhecem a importância crucial da liderança para o sucesso de suas organizações, porém apenas 23% expressaram confiança na capacidade de seus líderes para navegar pelas atuais disrupções. "Essa lacuna de liderança é, provavelmente, resultado de uma abordagem desatualizada que enxerga o trabalho e os colaboradores através de uma perspectiva ultrapassada", conclui o estudo.

Também não é raro a alta liderança da empresa não dar a devida atenção e o exemplo necessário para engajar seu corpo de líderes nas iniciativas de desenvolvimento da organização. Ou seja,

---

18 DELOITTE. **New fundamentals for a boundaryless world – 2023 Global Human Capital Trends Report**. 2023. Disponível em: https://www2.deloitte.com/content/dam/insights/articles/glob175985_global-human-capital-trends-2023/GLOB175985_HUMAN-CAPITAL-TRENDS-2023.pdf. Acesso em: 27 jul. 2023.

AS RELAÇÕES HUMANAS SÃO ESSENCIAIS PARA O BOM DESEMPENHO DE QUALQUER GRUPO DE TRABALHO.

@daniel.spinelli

o nível estratégico de muitas organizações nem sempre percebe o impacto desse despreparo do time de líderes nos próprios resultados futuros.

O que vemos hoje é que muitos profissionais que precisam gerir pessoas não estão sequer conscientes das capacidades necessárias e das ferramentas disponíveis para fazê-lo com qualidade. A evidência disso é a dificuldade que profissionais têm de, em meio às atividades do dia a dia, dedicar parte do tempo para se qualificar nesse sentido. É como puxar uma carroça de rodas quadradas e não ter tempo para trocá-las por peças redondas. Tente imaginar essa cena!

O que muitas organizações ainda não entenderam é que preparar líderes com habilidades centradas no ser humano não é apenas uma escolha ética ou algo opcional. Com a configuração desse cenário, conforme discutimos nos capítulos anteriores, o futuro organizacional depende cada vez mais de estabelecermos uma nova cultura, a começar pelas práticas de liderança aplicadas. É preciso criar um movimento de desenvolvimento e aprendizado contínuo, priorizar a formação de líderes mais autênticos e humanos, para que passem a valorizar a colaboração e aprendam a promover o engajamento dos times integralmente.

O que devemos fazer é justamente criar oportunidades para facilitar essa aprendizagem por meio de informação, reflexão e ferramentas possíveis de serem aplicadas no dia a dia na prática.

3. A CRENÇA NO ANTAGONISMO ENTRE O FOCO EM PESSOAS E EM RESULTADOS

A visão equivocada de que a busca pela entrega de resultados, mesmo à custa do bem-estar das pessoas, seria uma estratégia eficaz tem marcado muitas organizações. Essencialmente, essa mentalidade promove uma competição desmedida e, muitas vezes, ignora as necessidades da equipe. Uma pesquisa da Gallup

A POTÊNCIA DA LIDERANÇA CONSCIENTE

sobre causas e curas do burnout[19] reforça essa perspectiva. O relatório indica que os profissionais com tempo suficiente para executar suas tarefas têm 70% menos chances de ter um burnout. Em contraste, quando os prazos são excessivamente rígidos, os colaboradores tendem a falhar nas entregas. Portanto, essa cultura de pressionar por resultados na busca por performance intensifica o estresse e a ansiedade, além de prejudicar a tão desejada eficiência da equipe.

A mentalidade "lucro *versus* pessoas" faz com que líderes, sob pressão de performance, se desconectarem das equipes, comprometendo a qualidade do diálogo, a empatia e as conexões interpessoais.[20] Ou seja, acabam abrindo mão justamente dos elementos cruciais para o engajamento e para a construção de um ambiente favorável a colaboração, criatividade e bem-estar. Esse enfoque cria uma falsa visão de que é contraditório gerar resultados em curto prazo ao mesmo tempo que se constrói um time motivado e criativo, indispensável para a perenidade da organização. Um ponto de vista mais moderno buscaria encontrar um equilíbrio nesse contexto e colocaria o resultado e o foco em pessoas como duas metas a serem alcançadas conjuntamente.

E se nós, líderes, pretendemos oferecer melhores condições de trabalho aos colaboradores, com menos risco de esgotamento, precisamos ficar atentos às cinco principais causas do burnout citadas pelo mesmo relatório. São elas:

1. Tratamento injusto no trabalho;
2. Carga de trabalho ingerenciável;
3. Comunicação pouco clara dos gestores;

---

19 EMPLOYEE burnout: causes and cures. **Gallup**, 2020. Disponível em: https://www.gallup.com/workplace/282659/employee-burnout-perspective-paper.aspx. Acesso em: 27 jul. 2023.

20 MAXFIELD, D.; HALE, J. When managers break down under pressure, So Do Their Teams. **Harvard Business Review**, 2018. Disponível em: https://hbr.org/2018/12/when-managers-break-down-under-pressure-so-do-their-teams. Acesso em: 27 jul. 2023.

4. Falta de suporte do gestor;

5. Pressão irracional em relação a tempo.

Quando líderes não sabem, portanto, como equilibrar performance e desenvolvimento humano, limitam o potencial das pessoas e equipes, e contribuem para um aumento nos níveis de estresse e desafios emocionais decorrentes do ambiente de trabalho. Ou seja, ficam cada vez mais diante de desafios para os quais não receberam as ferramentas adequadas, o que reforça a necessidade de rever os atuais modelos mentais de liderança.

4. INÉRCIA CULTURAL E A FALTA DE REFERÊNCIAS

Quando uma cultura empresarial é dominada pela caça aos resultados em detrimento do cuidado com as pessoas, o efeito inevitável disso é a diminuição da colaboração em toda a organização.

A consequência disso, então, é diminuirmos o interesse pelas realidades de outras pessoas e áreas, já que somos influenciados por um modelo mental que prioriza a competição sobre a colaboração. Nesse cenário é mais difícil de encontrar relações ganha-ganha.

Então, o que está acontecendo em muitas organizações é uma inércia que, de certo modo, atropela as possibilidades de mudança e influencia as próximas pessoas que futuramente ocuparão os cargos de liderança. Apesar de possíveis esforços bem-intencionados nesses lugares, a cultura de liderança está aprisionada a um ciclo vicioso, e as novas lideranças são moldadas pelos mesmos pressupostos obsoletos. Em muitas ocasiões me deparei com excelentes profissionais de RH que simplesmente decidiram abandonar a empresa porque não conseguiram remar contra a corrente. Uma perda para a empresa e para as pessoas que lá trabalham, inclusive as que sustentam o *statu quo*.

E AGORA? DESBRAVANDO OS CAMINHOS PARA A NOVA LIDERANÇA

Olhar para o sistema organizacional e até para o nosso trabalho sabendo que recebemos em algum nível essas influências pode ser um pouco desconfortável. Para algumas pessoas, pode ativar algumas memórias indesejáveis e até emoções aflitivas. Tomar esse tipo de consciência nem sempre é fácil, mas a investigação e o questionamento fazem parte desse processo, e de meu compromisso com a causa.

Agora, você tem a oportunidade de compreender por que muitas pessoas em cargos de liderança agem da forma como agem. Podemos então compreender que muitos daqueles que incitam o clima de pressão desnecessária, estresse e mal-estar na empresa fazem isso de modo inconsciente ou por estarem sob efeito de um modelo mental viciado e antiquado. Tenho aprendido que a liderança exercida de maneira tóxica é, na verdade, sinal de fraqueza (de falta de qualificação), e não de força, como muitos pensam. Porque simplesmente se rendem às inércias, não filtram suas influências e não se interessam pelo desenvolvimento das habilidades necessárias para mudar isso.

Você também pode ter reproduzido (ou ainda estar reproduzindo) esses comportamentos, contribuindo para ambientes de trabalho hostis, em que muitas pessoas talentosas adoecem ou que preferem abandonar o trabalho. Eu mesmo admito que, várias vezes, na minha carreira de líder, me percebi usando a força e o modelo comando e controle quando me faltou a habilidade necessária para lidar com determinadas situações. Esses momentos, particularmente, são a prova de que tentar ganhar respeito e conseguir que as coisas sejam feitas porque as pessoas me temem é a própria demonstração de falta de habilidade. Acredito que todo ato desrespeitoso esconde uma fraqueza, e aqui não é diferente.

AS BOAS NOTÍCIAS

Se você está lendo este livro é porque quer transcender esse modelo, independentemente do ponto em que esteja nesse processo. Encerro então este capítulo dando a boa notícia de que você ganhará novos poderes para entregar resultados extraordinários com uma liderança humana, consciente e colaborativa. Sou testemunha de que todas as causas que apresentei podem ser suplantadas a partir do desenvolvimento de qualidades humanas como as que lhe apresento nesta obra.

Lembre-se deste ponto durante toda a nossa jornada: **é através da valorização das pessoas, e não em detrimento delas, que você alcançará níveis de realização extraordinários.** Agora é o momento de transformar sua liderança. Por meio do seu exemplo, é possível contagiar progressivamente mais pessoas, criando um efeito cascata que, com o tempo, pode impactar e transformar a própria cultura organizacional. Essa é a proposta que iremos explorar a seguir. Prepare-se para iniciar essa jornada de transformação e impacto.

capítulo 4

Emerge uma nova liderança

Até aqui, já identificamos os principais desafios atuais de liderança e investigamos e compreendemos suas causas, então é chegado o momento de avançar em direção à essa nova forma de liderar. Agora, mais consciente de seus desafios e das oportunidades que surgem com eles, você precisa de novos conhecimentos, novas habilidades e novas ferramentas. Você já tem mais clareza de que existe um problema e começa a perceber a realidade nua e crua dos ambientes de trabalho com modelos de gestão ultrapassados e tóxicos. Portanto, para exercer sua liderança de maneira alinhada a essa nova consciência, é preciso se preparar.

Estamos falando aqui de um novo "tratado de liderança" – e sobre a sua decisão de participar desse movimento. Isso requer assumir responsabilidade pessoal, dar abertura ao aprendizado e ter coragem de desafiar as normas estabelecidas. Você aprenderá uma forma de se diferenciar e de se lançar a novos patamares na sua carreira, e desenvolverá as ferramentas de liderança necessárias no mundo atual e que serão cada vez mais essenciais no futuro.

EMERGE UMA NOVA LIDERANÇA

Um aviso importante: tudo isso precisa ser de verdade. O auto-conhecimento também será uma chave para essa mudança, afinal, essa nova liderança não é só para fora. Precisamos não apenas dar o exemplo, mas também ser o exemplo. A busca por liderar com integridade é a base para o movimento de ampliação de consciência que desejamos fazer e para o impacto que desejamos causar. Portanto, prepare-se para uma jornada que levará você a também mergulhar para dentro de si.

A lealdade a uma opinião petrificada nunca quebrou uma corrente ou libertou uma alma humana.

Mark Twain[21]

CONSTRUINDO O SEU DIFERENCIAL

Certa vez, em uma conversa com o fundador de uma grande empresa do setor alimentício, perguntei o que ele considerava a essência do incrível crescimento do seu negócio, que tinha uma cultura notoriamente humana. Ele me respondeu que o que mais faz diferença em uma trajetória profissional é o que se carrega no coração, a capacidade de fazer as ideias acontecerem e o desejo de ajudar verdadeiramente as pessoas. "Afinal, a gente não constrói nada sozinho", disse ele, e eu não poderia concordar mais.

Durante todos esses anos, tive a oportunidade de interagir com líderes de diferentes trajetórias, e com muitas dessas pessoas tive conversas transformadoras, semelhantes à que acabo de descrever. Essas interações me ensinaram que existem várias maneiras de prosperar no ambiente organizacional. E, sim, é plenamente possível construir uma carreira verdadeiramente diferenciada e deixar um legado que transcende os indicadores de resultados convencionais. Aliás, como vimos nos capítulos anteriores, chegou

---

21 TWAIN, M. *In*: GOODREADS. Disponível em: www.goodreads.com/quotes/84814-loyalty-to-a-petrified-opinion-never-yet-broke-a-chain. Acesso em: 19 jul. 2023.

o momento de reconhecer que não apenas é possível adotar um novo estilo de liderança que contribua para uma nova cultura organizacional, mas também é absolutamente necessário fazê-lo.

Para isso, é fundamental iniciar mudando a forma como percebemos as coisas, o que também influenciará nossa maneira de agir. Um entendimento mais preciso do que está sob nossa responsabilidade é o primeiro passo para protagonizar mudanças significativas em qualquer processo. Com essa clareza, podemos buscar soluções eficazes para a gestão de nossas equipes, dos projetos que lideramos e, por extensão, para a organização como um todo.

Os conhecimentos e aprendizados que você vai obter com a metodologia que veremos a partir de agora, aliados à sua disposição de praticar e se desenvolver, contribuirão significativamente para aprimorar a sua carreira. Estamos falando de uma transformação pessoal e de práticas de liderança que marcarão a sua vida e a de muitas pessoas que serão lideradas ou influenciadas por você.

PRINCÍPIOS BÁSICOS DA METODOLOGIA

Objetividade – procurei ser conciso e direto ao ponto, incluindo apenas as informações pertinentes para a proposta de cada etapa. Essa abordagem é parte do meu compromisso em respeitar o seu tempo e sua agenda. Dessa forma, pessoas que valorizam o seu tempo e selecionam com cuidado as informações que consomem – uma característica com a qual me identifico – encontrarão relevância e valor nas páginas que estão por vir.

Aplicabilidade – fará muita diferença se, após a leitura de cada etapa deste método, você ponderar sobre como pode implementar os pontos relevantes na sua realidade. Então, ao deparar-se com os exercícios e as oportunidades de aprendizado, sugiro a adoção dos seguintes comportamentos:

UM ENTENDIMENTO MAIS PRECISO DO QUE ESTÁ SOB NOSSA RESPONSABILIDADE É O PRIMEIRO PASSO PARA PROTAGONIZAR MUDANÇAS SIGNIFICATIVAS EM QUALQUER PROCESSO.

@daniel.spinelli

- **Tomar notas:** documente os aprendizados e as estratégias que você deseja aplicar. A escrita contribui para a fixação das ideias e para o planejamento das ações;
- **Refletir:** pense na maneira mais apropriada de aplicar o que aprendeu ao contexto do seu trabalho;
- **Alinhar expectativas:** se necessário, converse com seus colegas de trabalho ou líderes para discutir as melhores formas de implementar as novas ideias;
- **Colocar em prática:** é a única maneira de a sua liderança de fato evoluir para o patamar desejado;
- **Avaliar os resultados:** regularmente, avalie os efeitos das mudanças que você implementou. A análise crítica das ações é essencial para o aprimoramento contínuo;
- **Não desistir:** se as coisas inicialmente não funcionarem conforme o planejado, não desista. Recalcule a rota, redefina suas estratégias e faça os ajustes necessários. Lembre-se: o crescimento profissional é um processo constante de tentativa e erro.

Identidade – lembre-se: quem vai ao trabalho é uma pessoa. Embora nosso foco esteja nas práticas profissionais, você perceberá a possibilidade de aplicá-las em outras frentes. Por exemplo, a autorresponsabilidade é um atributo essencial nos negócios, mas também pode beneficiar você em outras situações, como nas relações familiares ou questões de saúde. Portanto, enquanto progride pelas etapas, recomendo que aplique seus aprendizados não apenas ao seu trabalho, mas também às demais áreas da vida.

Desenvolvimento – revisitando temas? Amplie suas percepções. Talvez você se depare com assuntos que já conhece, mas lembre-se de que meu objetivo é apresentá-los sob uma nova ótica, colorindo-os com minha experiência pessoal e profissional. Portanto, ao encontrar um tópico que lhe parece conhecido, convido você a mergulhar mais fundo e a explorar as nuances que

EMERGE UMA NOVA LIDERANÇA

proponho. Não se deixe levar pela familiaridade, pois até mesmo uma pequena mudança pode causar um grande impacto nos efeitos da sua aplicação. Assim, mesmo que já domine algum tema, busque aprofundar e ampliar sua visão sobre ele.

APRESENTADO A METODOLOGIA: AS QUATRO DIMENSÕES

Exploraremos quatro dimensões essenciais que se desdobram em algumas etapas.

A jornada que proponho se inicia com um processo de introspecção, em que a autorreflexão, a autopercepção e o autoconhecimento se tornam elementos fundamentais. É um movimento de dentro para fora, passando da esfera pessoal à interpessoal, chegando à organizacional e, por fim, ao legado que se constrói em uma carreira de líder.

Em cada uma dessas dimensões, você passará por etapas pensadas para expandir sua consciência e suas habilidades de liderança, visando ampliar a capacidade de gerar impacto positivo nas pessoas e nos ambientes em que atua.

Preparei aqui uma visão geral da metodologia para que você tenha uma ideia de quais habilidades vai desenvolver:

1. AUTOLIDERANÇA

Toda liderança íntegra começa com uma boa autoliderança, é nisso que se apoia essa metodologia. Conhecendo-se melhor, ou seja, entendendo seus valores e suas motivações, tendo a capacidade de gerenciar suas emoções e assumindo a responsabilidade nas dificuldades, você será muito mais capaz de oferecer apoio para seu time. As pessoas que se conectam com valores maiores e lideram a partir da sua essência carregam uma luz especial. Nessa dimensão, vou lhe mostrar como é possível se desenvolver no âmbito pessoal.

2. LIDERANÇA DE PESSOAS

Pessoas se conectam com pessoas, e isso pode ser feito com humanidade, respeito e escuta. Sem desenvolver habilidades interpessoais, seu caminho como líder será mais tortuoso. Aqui, você terá contato com as ferramentas necessárias para liderar de maneira a gerar grandes resultados com base em um ambiente saudável e com conexões humanas de qualidade.

3. INTERDEPENDÊNCIA E VISÃO SISTÊMICA

Nessa etapa, você vai criar mais consciência sobre sua influência na organização em que atua e aprender ferramentas que geram um impacto sistêmico. Aqui, você vai ampliar sua capacidade de influenciar áreas e processos organizacionais e desenvolver a capacidade de tomar decisões mais estratégicas e eficazes.

4. CONSTRUÇÃO DE UM LEGADO

Nessa última dimensão da metodologia, você vai perceber que a cada dia da caminhada está construindo uma história. Aqui você vai expandir a consciência da sua influência, e desenvolver a capacidade de gerir o impacto de suas ações de maneira mais ampla, inclusive para além da sua organização.

A CONSTRUÇÃO DE UMA NOVA LIDERANÇA

Grandes líderes, que geram resultados extraordinários e influenciam pessoas e organizações de maneira humana e positiva, não surgem por acaso. A excelência em liderança se caracteriza pelo domínio de conhecimentos e ferramentas específicas, e é alimentada pelo desenvolvimento contínuo e pelo compromisso de criar conexões humanas significativas. Segundo o Professional Leadership Institute,[22] melhores líderes estão em constante aprendizado, sempre se aprimorando e incentivando quem está ao redor a fazer o mesmo. Segundo estudos, uma das principais funções de quem lidera é criar pontes e, assim, gerar conexões sociais que implicam cultivar relações baseadas em confiança, influência e comprometimento mútuos.[23]

Eu já tive a oportunidade de conhecer muitas pessoas que aplicam efetivamente as práticas de liderança que estou prestes a apresentar nesta metodologia. São líderes que agregam valor, transformam positivamente o ambiente onde atuam e exercem uma importante influência nas pessoas e organizações que lideram.

As próximas páginas revelarão como você pode adquirir esse poder de liderar de maneira inspiradora, que deixa um legado positivo, potencializa resultados e desenvolve pessoas. Essas habilidades e atitudes que você vai aprender não ocorrem por acaso, precisam ser compreendidas e aplicadas. E, acredite, é possível fazer isso acontecer. Você poderá ser uma dessas pessoas.

Aproveite. O meu desejo é que você desfrute do processo e dos resultados que vai começar a colher durante a caminhada.

Mãos à obra!

---

22 4 REASONS why the best leaders embrace continuous learning at work. **Professional Leadership Institute**. Disponível em: https://professionalleadershipinstitute.com/resources/continuous-learning/. Acesso em: 26 jul. 2023.

23 HILL, L. A.; BRANDEAU, G.; TRUELOVE, E.; LINEBACK, K. **Collective genius:** the art and practice of leading innovation. Boston: Harvard Business Review Press, 2014.

PRIMEIRA DIMENSÃO DO MÉTODO:
autoliderança

O objetivo desta parte da metodologia é incentivar um mergulho interno para que você possa se preparar melhor para a liderança. É como um jogador de futebol que se prepara física e mentalmente antes de entrar em campo. Ele cuida do corpo, muda hábitos alimentares e de sono, realiza treinamentos individuais, musculação e treinos funcionais para ter a melhor performance. Podemos fazer essa analogia com a mente de uma pessoa que lidera e chegaremos, então, à importância da sua preparação interna.

Esta etapa é crucial no desenvolvimento de uma liderança eficaz, mas infelizmente é ignorada pela maioria das pessoas e pelos programas de desenvolvimento e formação de gestores,[24] que insistem em se manter num modelo ultrapassado. Algumas das maiores lideranças que já conheci fizeram da sua capacidade de se autogerenciar um dos principais focos do próprio desenvolvimento. Neste capítulo encontra-se uma das maiores lições que posso compartilhar com você.

Frequentemente, muitas pessoas assumem cargos de gestão e imediatamente se colocam à frente de suas equipes, inspirando e orientando as pessoas, gerenciando projetos etc. Isso não está necessariamente errado, mas muitas vezes faz com que elas pulem uma etapa fundamental: olhar para dentro de si. O que acontece em nosso mundo interno tem um impacto significativo

_____

24 DELOITTE. *op. cit.*

PRIMEIRA DIMENSÃO DO MÉTODO: AUTOLIDERANÇA

naquilo que chamamos de realidade, em nossas relações e em como lidamos com nossos desafios. Em última instância, o que cultivamos na mente e no coração é interdependente das realizações e dos resultados.

Quando falo em "mundo interno", me refiro a pensamentos, emoções e tendências habituais. Estou falando também da nossa capacidade de identificar e reorganizar hábitos, ter mais consciência e domínio sobre crenças e liderar a nós mesmos na direção que nos propomos a seguir.

Nossa realidade é construída pelo que pensamos. Cuide da sua mente como quem cultiva um jardim.

É comum gestores enfrentarem desafios na autoliderança, comunicação assertiva e capacidade de se adaptar de acordo com as diferentes situações que surgem. Um problema recorrente ocorre quando uma liderança espera que a equipe adote determinadas atitudes, mas a liderança em questão não age como um exemplo coerente em relação às expectativas estabelecidas. Por isso, é essencial, principalmente em uma posição de gestão, investir tempo e esforço para aprimorar o autoconhecimento e as habilidades necessárias para ser mais capaz de se autoliderar.

Ao longo da minha experiência, percebi que a falta de autoconhecimento pode gerar inúmeros desafios na carreira de muitos profissionais. No entanto, percebo também que muitos negligenciam o aprimoramento de tais habilidades e da capacidade de se autogerenciar, e com isso desperdiçam valiosos recursos em suas trajetórias profissionais. Muitas vezes, tais indivíduos buscam exercer influência sobre o ambiente externo, os colegas e a organização sem compreender a importância de promover mudanças internas antes de tudo. A mensagem que quero reforçar aqui é:

É essencial que líderes se dediquem ao autoconhecimento e desenvolvam habilidades de autogerenciamento para poder efetivamente alcançar seu potencial realizador e ajudar suas equipes a alcançar grandes objetivos.

A POTÊNCIA DA LIDERANÇA CONSCIENTE

Este é um aspecto não necessariamente fácil, pois não estamos acostumados a olhar para essa dimensão da realidade – a dimensão interna. Na maioria das vezes, não fomos educados a prestar atenção nesse aspecto. Nosso foco tende a ficar no mundo externo, analisando outras pessoas e tentando controlar as coisas para que tudo dê certo e, assim, pulamos uma etapa importante: a de olhar, conhecer e, em muitos casos, regular nossas ações e pensamentos. O meu convite para você é que se junte às (ainda) raras pessoas que entendem a importância disso e se dispõem a percorrer esse caminho com coragem.

Neste ponto, sinto que preciso contar sobre outra característica minha que considero importante para minha atuação como líder e divulgador do método que apresento nesta obra. Há muitos anos, decidi que faria esse mergulho interno de maneira profunda. Isso inclui viagens em solitude, retiros de silêncio, formações e estudos com grandes professores dos temas que apresentarei a seguir. Ciente da importância e dos benefícios desse olhar para dentro de si, eu não poderia começar essa metodologia de outra forma.

Há muitos benefícios em se fazer esse investimento. Sim, sua qualidade como líder vai ganhar um salto quântico, mas também existe outro fator que começa a surgir. Há um nível mais profundo de contentamento que acessamos nesse processo, que não depende de estímulos externos, e sim do nosso próprio estado mental. Muitos estudos sobre felicidade mostram que é desse segundo nível de satisfação que brota a autêntica felicidade humana, como bem descreve Ben-Shahar em seu livro *Seja mais feliz*.[25] O que tenho aprendido, conhecendo muitos líderes excepcionais, é que pessoas que são capazes de se autoliderar são mais felizes e lideram melhor.

A mensagem aqui é que, ao investir no desenvolvimento da autoliderança, você será capaz de guiar sua equipe de maneira mais eficiente, inspirar mais confiança e agir com mais integridade.

---

25 BEN-SHAHAR, T. **Seja mais feliz**. São Paulo: Academia, 2018.

PRIMEIRA DIMENSÃO DO MÉTODO: AUTOLIDERANÇA

Comprometendo-se com o próprio aprimoramento contínuo, você não só amplia seu impacto no ambiente em que atua como também inspira um grande número de pessoas a fazerem o mesmo.

A ABORDAGEM QUE FAREMOS AQUI

O cerne da liderança eficaz reside na habilidade de liderar a si mesmo.

Esta primeira dimensão do método é dividida em cinco etapas fundamentais que ajudarão você a entrar em seu mundo interno e potencializar a capacidade de autoliderança. São elas:

* Autoconhecimento;
* Autogestão;
* Autorresponsabilidade;
* Competências humanas essenciais;
* Transcendência.

Ao longo dos próximos capítulos, examinaremos detalhadamente cada uma dessas etapas. Convido você a embarcar nesta jornada de autodescoberta e exploração do seu mundo interior, mesmo que você já esteja desenvolvendo algum desses processos. Experimente o poder transformador desta abordagem que requer coragem e comprometimento. Essa experiência fará uma diferença significativa em sua trajetória de líder.

Então, vamos juntos nesta jornada?

capítulo 5

Autoconhecimento

*Há mais em nós do que sabemos,
se conseguirmos vê-lo, não estaremos
dispostos a aceitar menos.*
**Kurt Hahn, fundador da
Outward Bound[26]**

O que estamos prestes a olhar nesta etapa é o primeiro passo para toda habilidade humana que desejamos desenvolver. Por exemplo, quem pretende desenvolver a empatia ou a capacidade de engajar e motivar times precisa começar pela capacidade de autopercepção. Ou seja, antes de qualquer movimento evolutivo, é necessário sabermos o que estamos pensando, sentindo e nossos padrões de comportamento em relação a tal tema.

Para ilustrar, trago um conceito muito conhecido por quem estuda liderança, o "liderar pelo exemplo", que por si só já explica do que se trata. Mas como liderar pelo exemplo se nem percebemos qual exemplo estamos dando? Ou seja, o primeiro grande desafio para exercer uma boa liderança é se conhecer e, consequentemente, ter certo nível de autoconsciência.

---

26 HAHN, K. *In*: GOODREADS. Disponível em: www.goodreads.com/quotes/624283-there-is-more-in-us-than-we-know-if-we. Acesso em: 19 jul. 2023.

AUTOCONHECIMENTO

Se formos falar, por exemplo, de **inteligência emocional**, novamente encontraremos os autores que tratam sobre o tema colocando a **autoconsciência** como etapa importante das suas metodologias. O próprio Daniel Goleman,[27] um dos maiores especialistas do tema, discute em suas obras a relevância do assunto. Goleman acredita que a capacidade de reconhecer e compreender os próprios sentimentos, emoções e estados internos, bem como perceber como eles afetam pensamentos e comportamentos, é um elemento-chave da inteligência emocional.

Quero reforçar que as habilidades ensinadas aqui demandam treino. Ou seja, você vai precisar implementar novos hábitos no dia a dia para que essas habilidades, neste caso a autoconsciência, sejam progressivamente desenvolvidas. Assim, quando terminar este capítulo, você não deve achar que alcançou um autoconhecimento nota dez. Preciso ser honesto com você: não é assim que funciona. O que estamos explorando aqui, juntos, são ferramentas para você transformar em hábito, e isso precisa ser feito de maneira consistente e regular. Dessa forma, você vai progressivamente se conhecendo e desenvolvendo a sua autoconsciência. A seguir, apresento duas ferramentas para servir de apoio nesse processo evolutivo e ajudar você a tornar essa prática algo constante no seu dia a dia.

Você vai perceber também que, quanto mais se autoconhecer, mais fácil será desenvolver as demais habilidades que veremos na sequência. Eu arriscaria até a dizer que esse primeiro passo também ajuda a desenvolver qualquer outra competência comportamental que você desejar no futuro.

A ABORDAGEM DOS TRÊS PILARES

Um caminho importante para quem quer se conhecer melhor e aumentar a capacidade de perceber os próprios estados internos é a abordagem dos três pilares, baseada originalmente na terapia cognitivo-comportamental:

---

27 GOLEMAN, D. **Inteligência emocional**. São Paulo: Objetiva, 1995.

A POTÊNCIA DA LIDERANÇA CONSCIENTE

- Eu cognitivo;
- Eu afetivo;
- Eu executivo.

O conceito dessa tríade ou ciclo do pensar-sentir-agir evoluiu ao longo do tempo, e é amplamente utilizado tanto na área da psicologia quanto em mentorias. Vamos conhecer melhor cada um deles!

O "eu cognitivo" significa saber como pensamos. Perceber como funcionam os nossos pensamentos e quais são nossas tendências em termos de "pensar".

Essa tendência pode vir lá do passado, de experiências que tivemos em nossa história, de situações que marcaram a vida etc. Inclusive, é daí que surgem os nossos "vieses inconscientes". Então, quem quer ter maior consciência daquilo que pensa, precisa olhar com atenção para o seu "eu cognitivo". Mais adiante apresentarei as ferramentas para que você possa desenvolver essa habilidade, mas primeiro vamos entender os outros dois pilares.

O "eu afetivo" diz respeito a ter mais consciência sobre o aspecto emocional, ou seja, sobre as emoções. Passamos a perceber melhor se estamos, por exemplo, ansiosos, com medo, com raiva ou alegres. Esse pilar inclui também como nos preparamos para perceber e lidar com as emoções dos outros, ou seja, a base para a empatia.

O aspecto emocional é vital para o autoconhecimento e a autogestão. Conhecê-lo é de extrema importância para identificar o que acontece em nosso mundo interno e no campo emocional nas nossas relações.

Já o terceiro pilar é o "eu executivo", que representa a forma como costumamos fazer as coisas. Tem a ver com a capacidade de agir e executar tarefas, incluindo habilidades de planejamento, tomada de decisões, autocontrole e o modo como realizamos tarefas.

Aprofundando esse pilar, podemos ter mais consciência, por exemplo, da tendência a acelerar demais as atividades, a falar rápido quando estamos nervosos, ou até mesmo do hábito de interromper a fala das pessoas em reuniões etc. Imagine-se como líder, desejando dar mais voz às pessoas durante uma reunião, quando, inadvertidamente, você percebe que está sobrepondo suas palavras às dos outros e interrompendo os membros da equipe. Tudo isso pode ser melhorado se você tiver mais consciência sobre seu funcionamento no aspecto "executivo".

Portanto, os três pilares, em resumo, são:

1. **Eu cognitivo:** como penso;
2. **Eu afetivo:** como sinto;
3. **Eu executivo:** como me comporto.

OS TRÊS ASPECTOS INTERCONECTADOS

Geralmente os três pilares trabalham juntos. Imagine que você tenha um problema com um colaborador desengajado. Antes de abordar essa pessoa, é importante fazer uma reflexão interna e verificar o que está passando em sua própria mente. Você pode perceber, por exemplo, que tende a achar que essa pessoa age dessa forma apenas para prejudicar você ou a equipe. Isso é um viés inconsciente. De todas as possibilidades para essa pessoa estar desengajada, você prefere acreditar automaticamente na que lhe diz respeito. Como resultado, começa a expressar sentimentos, como a raiva, por essa pessoa.

Quando você vai conversar com esse colaborador, o seu "eu executivo" pode ser ríspido e entrar no modo de cobrança e controle, dizendo: "eu quero que você me traga um relatório". Ou, durante a conversa, você passa a interrompê-lo quando ele estiver falando. Note que tudo começa a ser feito com base no cognitivo e no afetivo, e a autoconsciência é esse olhar interno que ajudará a se autorregular nesses momentos.

A importância de trazer mais luz ao mundo interno é enorme. Quando nos conhecemos melhor, podemos compreender os pensamentos que disparamos e as reações que temos diante de certas situações. É verdade que é difícil saber tudo o tempo todo, mas se nos dedicarmos a nos conhecer mais a cada mês que passa, podemos ganhar muito a médio e longo prazos.

Voltando ao exemplo do colaborador desengajado, agora em um cenário em que você considera e gerencia melhor o seu mundo interno, há maiores possibilidades para mudar as circunstâncias. Você terá mais poder para rever as alternativas do que possa estar acontecendo, a partir de como está se sentindo e como está agindo. Talvez o seu próprio comportamento com esse colaborador esteja gerando o desengajamento, e não o contrário. Note que essas reflexões ocorrerão antes mesmo de você abrir uma conversa franca com seu colaborador (o que certamente seria uma boa atitude).

Muitas vezes, criamos realidades que não existem por não nos conhecermos bem. Ao conhecermos melhor nosso mundo interno, abrimos um leque de possibilidades e podemos compreender melhor nossas reações e emoções. É um mundo a ser desvendado.

Autoconhecimento é resultado de uma jornada de práticas que implementamos como hábitos em nossa vida.

UM BOLO NÃO FICA PRONTO SÓ COM UMA RECEITA, É PRECISO UNIR OS INGREDIENTES E COLOCÁ-LOS NO FORNO

Existem inúmeras maneiras de embarcar nessa jornada de exploração do mundo interno: meditação, terapia, leitura reflexiva, escrita introspectiva, entre outras. Cada um desses métodos pode nos abrir para uma maior compreensão de quem realmente somos, dos nossos valores e crenças, e das nossas tendências habituais.

No contexto da metodologia que estamos explorando aqui, eu gostaria de apresentar dois exercícios que são especialmente eficazes para promover o autoconhecimento. Ambos têm respaldo científico e são hábitos diários meus há muitos anos. Essas práticas têm sido fundamentais para me ajudar a ampliar a compreensão sobre mim mesmo e hoje fazem parte da minha caminhada em busca de grandes descobertas e oportunidades.

AUTOCONHECIMENTO É RESULTADO DE UMA JORNADA DE PRÁTICAS QUE IMPLEMENTAMOS COMO HÁBITOS EM NOSSA VIDA.

@daniel.spinelli

A POTÊNCIA DA LIDERANÇA CONSCIENTE

Quando incorporados ao nosso cotidiano, esses exercícios têm o poder de nos conectar profundamente a nós mesmos. Eles nos ajudam a entender mais sobre nossas percepções e emoções, e a desvendar novas facetas dos papéis que assumimos na vida. Com o tempo, eles se tornam grandes ferramentas de autoconhecimento. Então, encorajo você a experimentar essas práticas com a mente aberta, observando as mudanças sutis que podem ocorrer à medida que se aprofunda em seu autoconhecimento. Vamos para os exercícios?

EXERCÍCIO 1: IMPLEMENTAR A MEDITAÇÃO DIÁRIA

É importante contextualizar que a origem desta prática também é milenar e recentemente seus efeitos vêm sendo estudados pela ciência moderna. A crença milenar é de que nos tornamos aquilo que cultivamos em nossa mente. A neurociência começou a denominar esse conceito nos anos 1990 como neuroplasticidade, referindo-se à habilidade do cérebro de se reorganizar e adaptar ao longo da vida por meio de estímulos e experiências, por exemplo, exercícios mentais. Mais tarde, diversos pesquisadores começaram a pesquisar sobre os efeitos da prática de meditação mindfulness (meditação de atenção plena).

Um deles, realizado em 2015 pelo Professor Yi-Yuan Tang e seus colegas no Texas, que analisaram os resultados de dezenas de outras publicações científicas fazendo o que é chamado de meta-análise. Eles chamaram essa publicação de *The neuroscience of mindfulness meditation* [A neurociência da meditação mindfulness, em tradução livre],[28] e em sua conclusão listaram três mudanças favoráveis geradas pela prática:

---

28 TANG, Y.; HÖLZEL, B. K.; POSNER, M. I. The neuroscience of mindfulness meditation. **Nature Reviews Neuroscience**, 16 abr. 2015, v. 16, n. 4, p. 213-25. Disponível em: https://www.nature.com/articles/nrn3916. Acesso em: 26 jul. 2023.

AUTOCONHECIMENTO

1. Controle da atenção;
2. Gestão emocional;
3. Autoconsciência.

Então, quero convidar você a levar essa prática para a sua rotina. A modalidade que vou ensinar aqui é um treinamento de atenção; um exercício no qual se deve ficar um tempo em silêncio, focando plenamente a própria respiração. O que normalmente acontece quando direcionamos nossa atenção para algo específico é que, repentinamente, nossa mente se distrai e começa a divagar, e é isso que muitas vezes leva as pessoas a desistirem desse tipo de meditação. Mas é quando percebemos que nossa mente divagou e a trazemos de volta ao foco que a prática de fato inicia.

Recomendo pausá-la caso sinta qualquer mal-estar. Se isso acontecer, busque uma orientação direta. Caso contrário, convido você à construção desse hábito e, à medida que sentir que está fazendo sentido, a estudar mais a respeito e se aprofundar nas práticas de meditação.

PRÁTICA DE MEDITAÇÃO DE ATENÇÃO PLENA NA RESPIRAÇÃO

1. Encontre uma posição em que seu corpo fique em estado de alerta e relaxado ao mesmo tempo. Coluna ereta, ombros relaxados, braços e pernas descruzados, solas dos pés no chão. Ao iniciar, lembre-se da sua motivação em fazer essa prática: se tornar uma pessoa mais autoconsciente para, por exemplo, cumprir melhor seu propósito como líder;
2. Concentre a atenção na respiração. Perceba as sensações geradas em cada inspiração e expiração. Por exemplo, o atrito do ar passando pelas narinas ou o movimento do tórax. Não há necessidade de alterar o ritmo

ou a profundidade da respiração, a ideia é apenas observar, sem julgar ou forçar;

3. Após um tempo, talvez sua mente se distraia, e de repente você se perceba pensando em outra coisa que não a sua respiração. Muito bom, o que foi isso? Você percebeu seu pensamento. Então, o que você faz? Ao invés de deixar o pensamento arrastar você, simplesmente o deixe ir embora, trazendo a atenção de volta para a respiração e as sensações físicas que ela proporciona;

4. Continue com a atenção no seu respirar até perceber que se distraiu novamente. Sempre com autogentileza, sem se cobrar ou se criticar, apenas traga a sua atenção de volta ao foco;

5. Siga na prática pelo tempo estabelecido. Antes de terminar, perceba os efeitos dela em seu corpo e sua mente. Saiba que nem sempre será agradável ou confortável, e lidar com certo nível de desconforto (desde que em um nível administrável) faz parte do processo de treinamento mental. Você pode terminar com uma a três respirações mais profundas e conscientes. Ao final, você pode aspirar que os efeitos positivos dessa prática possam alcançar e beneficiar as pessoas que você venha a encontrar ou com quem conviva.

A recomendação é fazer essa meditação diariamente, por pelo menos dois minutos. Com o tempo, conforme desejar, aumente a duração. Se acontecer com você a mesma coisa que aconteceu comigo, em pouco tempo você vai começar a perceber os efeitos positivos desse exercício. Depois de implementar esse hábito em minha vida, busquei oportunidades de aprofundar e aprender mais, e atualmente considero a meditação uma das coisas mais importantes que faço no meu dia. Recomendo!

Se você quiser praticar com um áudio, eu preparei uma lista de opções que você pode acessar através deste QR Code:

EXERCÍCIO 2: ESCREVER UM DIÁRIO

Em 2015, o autor Anthony K. Tjan publicou diversos estudos sobre as maneiras de aumentar a autoconsciência, fundamentando que manter registros de seus objetivos, e acompanhar o avanço feito em direção a eles, é uma das formas mais eficazes de aprimorá-la.[29] Nesta prática, convido você a escolher de três a cinco perguntas da lista a seguir e, uma vez por dia, dedicar de três a cinco minutos para respondê-las. A cada semana ou quinzena, você pode trocar uma ou mais perguntas por novas da lista.

MONTANDO A LISTA DE PERGUNTAS-GUIA PARA O SEU DIÁRIO:

Escolha uma pergunta para o seu "eu cognitivo":

- O que aprendi sobre mim mesmo hoje? (reflexão sobre conhecimentos adquiridos)
- Quais das minhas crenças foram desafiadas recentemente e como eu reagi a isso? (explorando a flexibilidade mental)

---

[29] TJAN, A. K. 5 ways to become more self-aware. **Harvard Business Review**, 11 fev. 2015. Disponível em: https://hbr.org/2015/02/5-ways-to-become-more-self-aware. Acesso em: 26 jul. 2023.

A POTÊNCIA DA LIDERANÇA CONSCIENTE

Escolha uma pergunta para o "eu afetivo":

* Quais emoções eu experimentei hoje e em que situações elas surgiram? (autoconsciência emocional)
* Como as emoções que senti hoje afetaram minhas decisões e ações? (compreensão da influência emocional)

Escolha uma pergunta para o "eu executivo":

* Qual decisão eu tomei hoje pela qual estou particularmente contente e por quê? (refletindo sobre a autogestão)
* Como eu lidei com conflitos ou desafios hoje? (habilidades de resolução de problemas)

Agora, escolha mais uma ou duas da lista abaixo para completar a lista de perguntas do seu diário:

* Em que momentos hoje senti mais alinhamento com meus valores e meu propósito? (alinhamento de valores)
* Se eu pudesse mudar alguma coisa no que fiz hoje, o que seria e por quê? (reflexão e aprendizado)
* Qual foi o maior desafio que enfrentei hoje e como reagi a ele? (identificação de desafios)
* Em que momentos do dia me senti com mais energia e com mais satisfação? O que estava fazendo e por que isso gerou energia? (fontes de energia)
* Se eu tivesse um amigo ou mentor confiável observando meu dia, que conselhos ele poderia me dar? (autoaconselhamento)
* Cite três razões para sentir gratidão agora.

DICAS PARA A REALIZAÇÃO DO SEU DIÁRIO

Particularmente, prefiro fazer o diário à noite, antes de dormir, mas você pode escolher o momento que melhor se encaixar em sua rotina. Algumas pessoas preferem pela manhã, antes mesmo do café, ou na hora do almoço, quando há um intervalo e não estão com outras responsabilidades. O importante é encontrar e definir um horário para escrever. Não se preocupe em fazer algum tipo de plano de ação no momento. Apenas o fato de escrever sobre alguns dos tópicos sugeridos fará muita diferença no seu processo de ampliação da autoconsciência.

Mãos à obra! Desejo coragem e energia para que você realize esses exercícios, e que essas práticas tragam efeitos muito positivos em sua rotina. Espero que você compreenda a importância desses novos hábitos e comece hoje mesmo a praticá-los. Tudo o que consta daqui para a frente neste livro vai depender de você se conhecer e se perceber cada vez melhor.

Boas práticas!

capítulo 6

Autogestão

As transformações mais profundas em nossas vidas se resumem a algo muito simples: aprendermos a responder, e não a reagir, ao que está acontecendo dentro de nós.
Tara Brach[30]

A autogestão é o elo fundamental entre o autoconhecimento e a prática eficaz da liderança. Quando aprofundamos a compreensão de nós mesmos, adquirimos a capacidade de discernir pontos fortes, limitações, emoções e motivações. Porém, o autoconhecimento por si só não é suficiente. É preciso, também, a partir dessa compreensão, gerir seus estados internos. Isso significa atuar de maneira mais consciente entre os estímulos que recebemos e as respostas que damos. Esse é o cerne da autogestão.

Líderes que dominam a arte da autogestão conseguem ter mais calma em situações estressantes, tomar decisões mais equilibradas sob pressão e inspirar e motivar a equipe por meio de atitudes que refletem um poder especial advindo da autoconsciência. É um pilar crucial para uma liderança eficaz, pois impacta diretamente na sua saúde e no seu bem-estar, bem como nos da sua

---

30 BRACH, T. **Radical compassion:** learning to love yourself and your world with the practice of RAIN. Nova York: Viking, 2019.

AUTOGESTÃO

equipe. Líderes que exercem uma melhor autogestão, especialmente em relação às suas emoções e atitudes, conduzem a equipe com mais consciência relacional, criando, assim, um ambiente de trabalho mais saudável e confiável.

QUEM QUER LIDERAR UMA TRANSFORMAÇÃO PRECISA SABER DISSO

É comum profissionais lamentarem precisar lidar, no dia a dia, com líderes autoritários, que se expressam com irritação e mau humor. Para ilustrar esse cenário, vamos criar um personagem chamado João, conhecido por muitos por sua liderança autoritária e, muitas vezes, tóxica. João é exigente e impulsivo ao extremo, suas ações e reações refletem, com frequência, sua inabilidade de administrar a própria irritação e os problemas pessoais. As pessoas da equipe vivem sob constante tensão, temendo seus momentos de raiva, e isso consequentemente afeta o clima de trabalho e a produtividade.

A história de João não é um caso isolado. Ela reflete uma realidade infelizmente comum nas organizações: líderes que negligenciam a administração de suas próprias emoções e comportamentos e, por isso, causam efeitos prejudiciais nas interações com seus colegas de trabalho.

Robert E. Quinn e seus colegas, em um artigo para a Harvard Business Review, afirmam:

> A autorregulação promove espaço para a colaboração e a transformação, e ao entendermos como nosso organismo reage em momentos de grande pressão, conseguimos visualizar uma direção a seguir. A escolha que fizermos, de seguir ou não esse caminho, será determinante em nosso sucesso ou fracasso.[31]

---

31 QUINN, R. E.; FESSELL, D. P.; PORGES, S. W. How to keep your cool in high-stress situations. **Harvard Business Review**, 15 jan. 2021. Disponível em: https://hbr.org/2021/01/how-to-keep-your-cool-in-high-stress-situations. Acesso em: 26 jul. 2023.

A POTÊNCIA DA LIDERANÇA CONSCIENTE

Essa incapacidade de autogestão gera ambientes tóxicos, onde a criatividade é suprimida, a motivação é minada e o desempenho individual e coletivo é comprometido. Mas por que isso acontece e como podemos mudar esse cenário?

COMPREENSÃO EQUIVOCADA DE LIDERANÇA: CONSEQUÊNCIAS DEVASTADORAS PARA AS EQUIPES

A liderança autoritária frequentemente se origina da falta de compreensão e do gerenciamento do próprio comportamento e das emoções. Em geral, quem lidera de forma autoritária tem uma visão distorcida do impacto de suas ações sobre os outros.

Esse modelo de liderança, embora antiquado e contraproducente, ainda é comum em muitos ambientes de trabalho atuais. Infelizmente, a persistência de tais modelos faz perpetuar uma compreensão equivocada do que significa liderar. Acreditar que ser líder significa apenas comandar e controlar é uma visão limitada e prejudicial do que é liderança.

Para as equipes, o efeito dessa compreensão equivocada é devastador, pois costuma gerar desengajamento e baixa criatividade. Além disso, a falta da cultura de aprendizado e a tensão constante podem ter impacto negativo na saúde mental dos membros do time. Líderes que não conseguem se autogerir acabam prejudicando não apenas a própria saúde e eficácia, mas também o bem-estar e a produtividade de seus liderados. De acordo com pesquisas do Center for Creative Leadership, "quando os colaboradores têm uma sensação de bem-estar, eles são mais engajados e criativos. Eles também têm maior satisfação no trabalho e níveis de produtividade."[32]

---

[32] CENTER FOR CREATIVE LEADERS. **Towards (better) leadership:** centering compassion, wellbeing & belonging. 19 abr. 2023. Disponível em: https://www.ccl.org/event/towards-better-leadership-putting-compassion-wellbeing-belonging-in-the-center/. Acesso em: 26 jul. 2023.

AUTOGESTÃO

Independentemente do estágio de desenvolvimento de sua autogestão, é importante perceber que ela é fundamental para liderar nessa nova cultura que estamos abordando aqui. A boa notícia é que há ferramentas eficazes para auxiliar nesse caminho de crescimento e desenvolvimento pessoal. Vamos agora explorar duas delas.

ALÉM DA TEORIA: PRATICANDO A AUTOGESTÃO

Há muitas abordagens de que podemos lançar mão para aprimorar nossas habilidades de autogestão: coaching, feedback 360°, cursos de inteligência emocional, entre outros. Cada um desses caminhos tem o potencial de nos levar a aprimorar nossa capacidade de gerenciar a nós mesmos e nossas emoções.

Dentro da perspectiva da metodologia que estamos abordando aqui, convido você a aplicar duas ferramentas que considero especialmente eficazes para quem quer ir mais fundo no desenvolvimento dessa habilidade: RAIN e PARE.

Ambas são práticas que aprendi durante minhas pesquisas sobre o tema e, por saber dos resultados positivos, decidi colocá-las em prática e também inseri-las nos workshops que realizo. Elas têm sido fundamentais para me ajudar a ampliar minha consciência e capacidade de gerenciar minhas respostas, especialmente em momentos desafiadores.

Quando integradas ao nosso dia a dia, essas práticas auxiliam a entender como lidamos com nossos desafios internos e externos. Consequentemente, passamos a ter mais consciência sobre como nos manifestamos diante dessas situações. Elas podem se tornar grandes aliadas na jornada da autogestão. Portanto, encorajo você a experimentá-las, observando as mudanças que podem ocorrer conforme for aprofundando sua habilidade de gerenciar seus estados internos e respostas para o mundo.

A primeira ferramenta é chamada de RAIN, cujo foco é nos ajudar a lidar com os desafios internos, por exemplo, ansiedade ou falta de energia. A segunda ferramenta é a PARE, que ajuda na preparação para nossas respostas às situações que ativam possíveis reações emocionais automáticas.

FERRAMENTA DE AUTOGESTÃO 1 – RAIN

Tara Brach, psicóloga, autora e fundadora do Insight Meditation Community de Washington, D.C., apresenta um método poderoso conhecido como RAIN – acrônimo para Reconhecer, Aceitar, Investigar e Nutrir.[33] Nesse método, cada letra representa uma etapa fundamental na jornada de autogestão.

Com o RAIN, vamos aprender a como tomar consciência e gerir as situações que nos desafiam ou nos desequilibram. Em 2020, no primeiro ano da pandemia de covid-19, passei por uma série de situações desafiadoras, e, quando me dei conta, enfrentava fortes crises de ansiedade e precisei buscar ajuda profissional. Nesse período, a ferramenta RAIN foi essencial para eu conseguir atravessar a situação e tirar grandes aprendizados desse período conturbado. Por isso, apresentar essa ferramenta é quase como cumprir uma missão de compartilhar aquilo que me ajudou tanto. E quem, no âmago da sua

---

[33] BRACH, T. *op. cit.*

AUTOGESTÃO

humanidade, não enfrenta momentos de crise, não é mesmo? Vamos passar letra por letra e ver como o RAIN pode ajudar nessas situações.

A etapa **Reconhecer** é onde identificamos um padrão emocional emergente. Quando notamos algo acontecendo internamente, a primeira coisa que fazemos é reconhecê-lo, sem negar ou ignorar que aquilo está acontecendo. Por exemplo, ao perceber sinais de ansiedade, não os ignoramos ou evitamos, mas reconhecemos sua presença. Imagine uma animação em que você chega e se senta à mesa em uma sala, e então percebe que há um monstro ali. Em vez de desviar o olhar e tentar fazer de conta que ele não existe, você o reconhece e olha diretamente para ele.

Aceitar é a próxima etapa. Aceitar não significa que precisamos gostar da situação ou concordar com ela. Basta simplesmente reconhecer sua existência. No exemplo da ansiedade, aceitamos que essa experiência faz parte do ser humano e que a resistência a ela pode, na verdade, criar uma crise adicional de autocobrança ou excesso de controle. Naquelas crises de ansiedade, precisei aceitar que, apesar de ser um professor de inteligência emocional certificado, eu não estava imune a emoções fortes; eu tinha determinada capacidade de lidar com elas. Somente quando aceitei isso e contive a autocobrança pude tratar o que estava acontecendo de fato. Então, voltando à nossa animação, em vez de se queixar que há um monstro na sala e tentar expulsá-lo à força, você simplesmente aceita que ele está ali e se pergunta: "por quê?".

A etapa de **Investigar** nos convida a dialogar com nossas emoções. Por meio de perguntas, tentamos entender sua origem e seus propósitos. Enquanto estivermos enfrentando o desafio, registrar esse processo em um diário nos dá uma perspectiva mais clara do que está ocorrendo. Em vez de forçar a situação para aquilo desaparecer, você aprende a se sustentar um pouco naquele desconforto, enquanto faz um processo de investigação. Note que isso só será possível se você reconhecer e aceitar que está passando por um desafio. Em nossa animação, essa é a hora em que você chama o monstro para se sentar à mesa, olha nos olhos dele, inicia uma

A POTÊNCIA DA LIDERANÇA CONSCIENTE

conversa e entende o que ele tem para ensinar. "Oi, monstro! Me fale de ti, quem é você? Por que você está aqui? O que você está querendo me dizer? O que tenho para aprender contigo?"

Por fim, na etapa do **Nutrir**, aprendemos a cuidar de nós mesmos em meio à turbulência. No caso da ansiedade, podemos, por exemplo, recorrer à meditação, reduzir ao máximo o consumo de cafeína, optar por refeições mais leves e saudáveis ou incorporar atividades físicas regularmente à rotina (esses são exemplos do que funcionou para mim, mas cada um precisa descobrir o que significa nutrir para si). O ponto aqui é descobrir o que fortalece e significa autocuidado na fase da crise que estivermos passando. Em nossa animação, essa é a hora em que você começa a sentir mais tranquilidade e passa a aprender com todo o processo. Aquele monstro, que antes parecia enorme e assustador, pode de repente virar até um amigo ou professor.

Com o tempo, essa abordagem permite que nossos "monstros" emocionais, uma vez enormes e intimidadores, tornem-se menores e mais gerenciáveis. Podemos, ainda, enfrentar momentos de medo, raiva ou ansiedade, mas agora teremos estratégias efetivas para lidar com eles.

Certa vez, estava dando uma palestra para líderes e expliquei o método RAIN sob a perspectiva da minha crise de ansiedade na pandemia. Fiz uma rápida enquete e verifiquei que mais de 80% da audiência passou pela mesma situação nos últimos seis meses ou estava passando por uma crise naquele momento. Na parte final da palestra, um participante perguntou se eu tinha superado totalmente a ansiedade e eu respondi o que vou contar para você agora: a ansiedade ainda surge de vez em quando. Mas, seguindo esse passo a passo do RAIN, não tenho mais medo das crises, e a cada momento de dificuldade que enfrento, tenho saído mais forte e com novos aprendizados para voltar a campo e continuar realizando minha missão.

A verdadeira humanidade da liderança está na habilidade de enfrentar as crises, e não na esperança de evitá-las.

PODEMOS, AINDA, ENFRENTAR MOMENTOS DE MEDO, RAIVA OU ANSIEDADE, MAS AGORA TEREMOS ESTRATÉGIAS EFETIVAS PARA LIDAR COM ELES.

@daniel.spinelli

Caso você queira utilizar um formulário-guia que preparei para facilitar a aplicação do RAIN, basta acessar o QR Code:

Você pode preenchê-lo diariamente sempre que perceber uma questão interna que precise de atenção. Que os seus monstros possam ser reconhecidos e transformados em mestres e amigos.

FERRAMENTA DE AUTOGESTÃO 2 – PARE

Agora vamos para o segundo instrumento, que é o método PARE. Qual a diferença dessa ferramenta para a RAIN? O foco da RAIN é lidar internamente com desafios e emoções. Já o PARE é uma abordagem de autogestão para se preparar melhor antes de dar uma resposta. Em vez de seguirmos no piloto automático (o que geralmente envolve um nível menor de consciência sobre nossas reações), queremos construir respostas menos reativas.

Essa forma adaptada que apresentarei a seguir, além de funcionar muito bem para mim, já foi ensinada a centenas de profissionais, e muitos deles são líderes que indicam o PARE como uma ferramenta de grande utilidade.

Vale ressaltar que o método PARE é uma adaptação do SB-NRR (Stop, Breath, Notice, Reflect, Respond), que eu aprendi com Chade-Meng Tan no livro *Busque dentro de você*.[34] Com o passar dos anos de aplicação pessoal, preferi fazer algumas adaptações, e aqui está o acrônimo, como tenho usado e ensinado:

---

34 TAN, C. **Busque dentro de você**. Ribeirão Preto: Novo Conceito, 2014.

AUTOGESTÃO

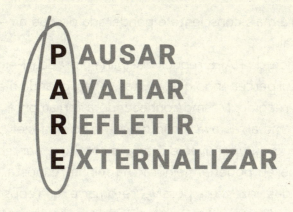

PAUSAR
AVALIAR
REFLETIR
EXTERNALIZAR

A primeira letra, "P", nos orienta a **Pausar**. Aqui, antes de reagir ao estímulo externo, você faz uma pausa, por exemplo, concentrando-se na sua respiração. Essa prática ativa diferentes áreas do cérebro, aumentando o acesso de recursos de avaliação e reflexão. Ao direcionarmos nossa consciência para o momento presente, como as sensações do corpo ou a respiração, evitamos reações precipitadas. Ao assistir entrevistas com grandes líderes, é perceptível o uso frequente de pausas antes de responder a perguntas desafiadoras.

A letra "A", de **Avaliar**, é uma etapa que requer observação minuciosa da situação, do estímulo gerador do estresse e também das suas próprias reações físicas. Você está essencialmente adotando uma visão panorâmica, vendo o cenário tanto por uma perspectiva interna quanto externa.

Em seguida, o "R", de **Refletir**. Nesse ponto, você analisa as possíveis alternativas de resposta para a situação. É como se estivesse planejando o próximo movimento em um jogo de xadrez. Isso adiciona um elemento de racionalidade, amenizando o efeito da intensidade das emoções fortes. Ou seja, você não ignora as emoções presentes, mas também não se deixa arrastar por elas. Você procura perceber quais as consequências de cada resposta antes de externá-la.

Finalmente, temos a letra "E", que significa **Externalizar**. Com base na sua reflexão, você escolhe e externaliza a melhor resposta possível. Isso nem sempre corresponde à resposta ideal, mas com certeza será mais consciente e ponderada do que a reação automática inicial.

A eficácia do PARE requer disciplina e prática. Pela minha experiência, fui percebendo que, muitas vezes, quando me dava conta, já tinha reagido. Mesmo conhecendo a ferramenta, meu piloto automático me arrastava e não dava tempo de fazer o PARE. No entanto, logo que possível, eu fazia o roteiro e percebia que havia algo que eu poderia melhorar na minha resposta. Notei que, na maioria das vezes, era possível retomar e me reposicionar, por exemplo, no dia seguinte. Com isso, pude melhorar o desfecho de muitas situações. Com o tempo, essa prática nos leva a desenvolver e aprimorar a capacidade de autogestão, permitindo uma resposta mais consciente em situações desafiadoras.

Caso você queira utilizar um formulário-guia para aplicar o método PARE no seu dia a dia, basta acionar o QR Code:

Use-o quantas vezes for necessário até conseguir incorporá-lo automaticamente, a ponto de não precisar mais do papel.

TRANSFORMAÇÃO ATRAVÉS DA EXPERIÊNCIA

A aplicação das ferramentas RAIN e PARE leva a uma transformação significativa na maneira como líderes se colocam e conduzem seus times. À medida que praticamos a autogestão, é possível descobrir novas possibilidades na nossa liderança. Passamos a desenvolver uma abordagem mais consciente e segura, o que impacta profundamente na cultura do time que lideramos e da organização como um todo.

AUTOGESTÃO

Líderes que se equipam com ferramentas eficazes de autogestão se expressam com mais integridade e empatia. Essa é uma habilidade que, por si só, pode criar um ambiente de trabalho de aprendizagem contínua e respeito mútuo.

DESENVOLVENDO A PRÓPRIA ARTE DE LIDERAR

A autogestão é um componente essencial na arte da liderança. É um processo contínuo de aprendizado que proporciona a habilidade de encontrar mais paz e equilíbrio diante dos desafios que só quem lidera sabe quais são.

Encerro esta etapa encorajando você a embarcar firme nessa jornada que inicialmente é bastante desafiadora, mas garanto que bastante recompensadora. As ferramentas RAIN e PARE são um ótimo começo, mas há muitas outras maneiras de desenvolver habilidade nessa área, e cada líder precisa encontrar as práticas que melhor se alinham com seu estilo e suas necessidades.

Pode acontecer que, em contato com seu mundo interno, você perceba que precisa de ajuda. Já foi o meu caso mais de uma vez. Quando e se for o seu, aconselho a não adiar essa busca por apoio de profissionais especializados. É parte da jornada da consciência lançar luz aos nossos conflitos mais profundos, levar a sério a autoliderança e se preparar para enfrentar os obstáculos que surgem no caminho.

Posso assegurar que, quanto mais obstáculos internos você superar (ou pelo menos aprender o que fazer com eles), melhor líder você será. Afinal, não estamos liderando máquinas, e sim seres humanos que, assim como nós, são imperfeitos. Aprender a lidar com as próprias imperfeições vai permitir que você alcance um novo patamar como líder, capaz de ajudar e inspirar muitas pessoas.

Mantenha a cabeça erguida e a curiosidade ativa. Estamos aqui juntos. Até a próxima etapa da jornada!

capítulo 7

Empoderamento e protagonismo – realidades através do lócus de controle

Como você encara os resultados profissionais que tem obtido? No geral, tende a acreditar que são determinados por fatores externos (como sorte ou destino) ou internos (suas decisões e habilidades de fazer acontecer)?

Sabe aquela dificuldade de relacionamento com outra área da organização? Ou quando você comunica algo e as pessoas entendem outra coisa? Podemos levar questões como essas até mesmo para outros âmbitos da vida, como a saúde. Avalie: sua saúde está como você gostaria? Você pode pensar também em metas pessoais: das competências que você já sabe que precisa desenvolver para evoluir na carreira, quais delas já está desenvolvendo?

O que acontece é que, muitas vezes, nos encontramos presos a ciclos de resultados que não nos satisfazem. Muitos de nós os encaramos como resultados que dependem apenas de fatores externos – o destino, a sorte ou circunstâncias incontroláveis. No entanto, há uma mentalidade que pode mudar essa percepção e abrir um novo mundo de oportunidades para nós: o protagonismo.

O que abordaremos a partir de agora é uma ferramenta incrível para driblar possíveis (e talvez prováveis) autossabotagens em sua vida. Isso ajudará você a adquirir muito mais poder de realização e de liderança nas mais diversas situações, especialmente nas quais você está colhendo resultados indesejáveis.

SORTE?

Imagine uma pessoa que, semana após semana, entrega seu futuro a uma folha de papel numerada, cruzando os dedos e esperando que o acaso sorria para ela. Esse é o jogador de loteria que vê, na ínfima probabilidade de ser sorteado, sua única chance de prosperidade. Infelizmente, para muitos, jogar na loteria se torna o único plano para realizar os sonhos. Esse cenário nos guia diretamente ao coração da nossa discussão: o quanto você relaciona seu futuro às suas atitudes hoje?

CIÊNCIA

O que poucas pessoas sabem é que muitos pesquisadores já estudaram o modelo mental de pessoas com perfil mais realizador, e descobriram que qualquer pessoa que aplique as ferramentas certas pode aumentar significativamente o seu poder de realização. Chegou a hora de você conhecer e dominar o conceito **lócus de**

controle, introduzido pelo psicólogo estadunidense Julian Rotter,[35] que dedicou boa parte de sua carreira ao tema.

APRESENTANDO O LÓCUS DE CONTROLE

O conceito lócus de controle refere-se a como as crenças determinam os resultados em diversas situações. O artigo que publiquei em 2011[36] descreve os dois modelos mentais resumindo vários estudos sobre o tema:

* **Lócus de controle interno:** quando acreditamos que os resultados e as recompensas que obtemos, satisfatórios ou não, têm interferência direta dos nossos próprios comportamentos, atributos e decisões;
* **Lócus de controle externo:** quando acreditamos que os resultados e as recompensas que obtemos são consequência da ocorrência de fatores fora do nosso controle, e que nada, ou pouco, poderíamos ter feito para que fosse diferente.

UMA ARMADILHA COMUM NA LIDERANÇA

Vamos pensar em uma situação comum nas organizações: uma líder recebe o desafio de implementar mudanças no funcionamento da equipe e, ao tentar fazê-lo, percebe que a rotina da equipe já está bem estabelecida. A líder, então, se depara com uma grande resistência por parte dos liderados e tem dificuldade de realizar a mudança. Se ela estiver com o modelo mental do lócus de controle externo, tenderá a se vitimizar, por exemplo,

---

35 ROTTER, J. B. **The social learning theory of Julian B. Rotter**. Disponível em: http://psych.fullerton.edu/jmearns/rotter.htm. Acesso em: 26 jul. 2023.

36 SPINELLI, D. Autorresponsabilidade: um grande salto para o empoderamento pessoal. **Mais PS**, 17 abr. 2011. Disponível em: https://maisps.com.br/autorresponsabilidade/. Acesso em: 26 jul. 2023.

colocando a responsabilidade na empresa, por não receber apoio e recursos necessários, ou até mesmo nas pessoas do time, que estão resistentes.

Mas se ela estiver com o modelo mental do lócus de controle interno, começará a listar tudo o que pode fazer para melhorar o engajamento do time nas mudanças necessárias. Na minha experiência, realizando workshops para times e líderes há tantos anos, uma das principais razões para as lideranças não conseguirem implementar as mudanças desejáveis é não estarem dando o exemplo. Ou seja, muitas vezes se queixam das circunstâncias, mas não estão fazendo a primeira coisa que deveriam se estivessem numa posição protagonista (no lócus interno): liderar pelo próprio exemplo.

POR QUE TENDEMOS A NOS VITIMIZAR

Quando fui introduzido ao conceito de lócus de controle, por ingenuidade, me percebi como alguém de lócus predominantemente interno. À medida que fui me observando, depois de entender o conceito, pude na verdade constatar que, em muitas situações, usava a mentalidade do lócus externo. Notei, então, que precisaria rever algumas crenças e comportamentos se quisesse aumentar meu poder de realização e ficar menos na posição de "vítima das circunstâncias", mesmo que elas fossem reais e significativas.

Notavelmente, muitas pessoas pendem para um lócus de controle externo. Esse padrão proporciona uma espécie de alívio psicológico, pois, quando nos isentamos da responsabilidade pelos resultados, também nos protegemos das dificuldades e frustrações inerentes à mudança. No entanto, isso limita nosso sucesso. Essa tendência é, muitas vezes, estabelecida desde a infância e nos mantém confortavelmente ancorados em nossa zona de conforto.

Passei a carregar essa ferramenta na vida. Toda vez que me percebo numa situação em que me sinto vítima, me faço a pergunta: *o que eu posso fazer para contribuir para o resultado?*

Isso não quer dizer que o mecanismo do lócus externo não apareceu mais. Na verdade, até hoje aparece, mas, desde que aprendi esse conceito, passei a perceber muito mais quando o lócus externo se manifesta para me seduzir a ficar na zona de conforto. Eu poderia escrever outro livro apenas contando as situações que pude influenciar positivamente diferentes áreas da minha vida, incluindo saúde, carreira, finanças, relacionamentos, negócios, entre outros, quando passei a usar com mais frequência o lócus interno.

CONEXÃO ENTRE LÓCUS DE CONTROLE E CAPACIDADE REALIZADORA

Albert Shapero,[37] em pesquisas com empresários e estudantes de administração, descobriu que empreendedores de sucesso têm um forte lócus de controle interno. Outro dado importante em favor de migrarmos do lócus externo para o lócus interno vem do autor Wayne Stewart Jr.[38] Ele lista o lócus de controle interno como uma das quatro características mais importantes em empreendedores de sucesso, definindo-o como uma "forte crença de que ele/ela tem grande responsabilidade sobre o próprio destino".

Esse, portanto, parece ser um componente essencial para a realização pessoal e profissional.

COMO TRANSFORMAR CONCEITO EM PRÁTICA

Imagine a mudança que você pode trazer para a sua equipe quando assumir uma postura protagonista e começar a agir de acordo com as mudanças que deseja ver. Isso não apenas

---

37 SHAPERO, A. The displaced, uncomfortable entrepreneur. **SSRN – Elsevier**, 17 nov. 2009. Disponível em: https://papers.ssrn.com/sol3/papers.cfm?abstract_id=1506368. Acesso em: 26 jul. 2023.

38 STEWART JR., W. **Psychological correlates of entrepreneurship**. Nova York: Routledge, 1996.

transforma a sua própria liderança como também cria um efeito cascata, inspirando e incentivando o seu time a também assumir uma mentalidade de lócus interno.

Existem várias estratégias que podem ser utilizadas para ajudar nessa transição. Aqui estão algumas delas:

* **Autopercepção:** identificar quando estamos colocando a responsabilidade apenas nas outras pessoas e em eventos externos e trabalhar para mudar essa mentalidade. Devemos nos perguntar: "o que posso fazer para contribuir para o resultado?";
* **Reflexão:** refletir sobre nossas ações, nossos hábitos e suas consequências. Encontrar oportunidades de mudança que dizem respeito a nós. Devemos nos perguntar: "o que está no meu raio de controle ou influência?";
* **Proatividade:** tomar a iniciativa. Devemos nos perguntar: "quais são os primeiros passos que posso dar?";
* **Busca por feedbacks:** receber feedback de outras pessoas pode nos ajudar a entender melhor nossas ações e como elas influenciam os resultados.

Ao adotar seguidamente essas estratégias, você perceberá o quanto pode transformar a sua realidade e a de todos à sua volta. Isso não apenas melhora os seus resultados como também cria um ambiente de relações mais produtivas e ambientes de mais cooperação.

O PODER DA APLICAÇÃO DESSE CONCEITO

Enquanto escrevia este livro, realizei uma breve pesquisa com líderes que já participaram das minhas mentorias e workshops. Mais de 90% deles citaram a autorresponsabilidade entre os três temas que mais impactaram positivamente as suas carreiras. Veja como o tema deste capítulo é algo importante para a sua caminhada como líder de referência.

O MUNDO
PRECISA DE
MENOS PESSOAS
RECLAMANDO E
DE MAIS PESSOAS
FAZENDO
O MELHOR
QUE PODEM.

@daniel.spinelli

Em 2011, tive a oportunidade de interagir diretamente com a assessora de Julian Rotter, que me incentivou a escrever sobre o tema em português e a divulgar o conceito em terras brasileiras. Na oportunidade, ela me disse que, desde que Rotter desenvolveu esse estudo, ele passou a perceber o quanto as pessoas desperdiçam sua capacidade de realização. Isso ocorre devido ao cultivo de um modelo mental de baixa crença nas próprias capacidades de interferir positivamente nos resultados obtidos na vida. Espero que esta breve apresentação de um importante conceito tenha incentivado você a rever seus modelos mentais diante de situações desafiadoras, algo tão importante para quem busca construir, cada vez mais, ambientes de trabalho saudáveis e produtivos.

SÉRIO, ISSO PODE MUDAR SUA VIDA!

Se você deseja realizar seus objetivos na vida, a minha recomendação (e a de Julian Rotter, claro) é que você coloque agora mesmo no papel aquilo que quer realizar e se pergunte: "o que me cabe fazer para que isso aconteça?". Faça seu plano de ação e enfrente sua zona de conforto. O mundo precisa de menos pessoas reclamando e de mais pessoas fazendo o melhor que podem.

Só cabe a você decidir que suas aspirações valem mais do que sua zona de conforto, e começar a agir, agora mesmo, de maneira consistente. Como diria Nelson Mandela: "que suas escolhas reflitam suas esperanças, não seus medos"[39]. Sucesso na caminhada!

---

39 MANDELA, N. *In*: GOODREADS. Disponível em: www.goodreads.com/quotes/956662-may-your-choices-reflect-your-hopes-not-your-fears. Acesso em: 30 ago. 2023.

capítulo 8

Qualidades humanas essenciais

C omo líderes, temos a oportunidade de irmos muito além das atividades convencionais de gestão, temos o poder de fazer diferença e inspirar pessoas em um nível muito mais profundo. Entendendo isso, podemos levar a nossa liderança para um novo nível de consciência. Esse insight, por si só, pode abrir uma nova dimensão do que você considera ser "líder" e das bases que usa para liderar. E é disso que trataremos neste capítulo.

Existe uma chave essencial para uma liderança autêntica e que faz uma diferença realmente positiva no mundo e na vida das pessoas. Agora, abordaremos algo que vai além do intelecto ou das competências técnicas. Vai além até mesmo das habilidades comportamentais mais necessárias para o dia a dia. Estou falando de como trazer a alma e o coração para a nossa prática de liderança. Aqui, vamos responder à pergunta: **como fazer da conexão com nossos valores e nossas verdades a base para a atuação como líderes? Qual o poder que isso tem?**

Em um mundo cada vez mais interconectado, somos inundados diariamente por um mar de informações. Contudo, será que a abundância desses dados e estímulos estão nos conduzindo à sabedoria que ansiamos? Ou a sermos seres humanos melhores? Imagine-se olhando bem nos olhos das pessoas, seja nas video-chamadas, nas salas de reuniões ou nas estações de trabalho e corredores de uma organização. Existe, por trás de todas essas atividades, uma busca silenciosa por verdade, autenticidade e integridade. Hoje, vivemos uma notável carência de referências éticas em nossa sociedade. A humanidade, em sua corrida incessante por avanço tecnológico e expansão do conhecimento, raramente se questiona: a que fim serve tudo isso?

ABRINDO AS CAMADAS DO QUE CHAMAMOS LIDERAR

A liderança, nesse contexto, torna-se não apenas um papel ou uma posição, mas também uma possível referência de como navegar com mais sabedoria diante de um mundo acelerado. Isso demanda de nós, líderes, realizar uma jornada que exige voltar para dentro e reconhecer nossos valores, nossas esperanças e nossa humanidade compartilhada. É tempo de reconhecer o chamado para uma liderança mais profunda e autêntica e embarcar nessa jornada de transformação. Nesta etapa, faremos um mergulho revelador para acessar uma das maiores fontes de poder que carregamos dentro de nós: nossos norteadores éticos.

Estamos nos afogando em informação e famintos por sabedoria.
Edward O. Wilson[40]

SOBRE AS ÉTICAS SECULARES

As éticas seculares nos presenteiam com um mapa para trilharmos um caminho ético e gratificante rumo a uma sociedade

---

40 WILSON, E. O. **Half-earth:** our planet's fight for life. Nova York: Liveright Publishing Corporation, 2016.

fundamentada na compreensão e no respeito mútuo. Esse é um modelo que ressoa no âmago de quem valoriza uma vida com um significado maior do que os aspectos materiais que ela apresenta.

Os defensores de uma ética secular argumentam que podemos pautar nossas ações em princípios éticos universais com base na razão, na compreensão científica e nas experiências compartilhadas. Esses princípios podem ser uma referência valiosa para nortear o dia a dia de quem quer liderar de maneira inspiradora e gerar impactos positivos por onde passa.

O filósofo grego Aristóteles, em sua obra *Ética a Nicômaco*,[41] argumentava que as virtudes morais são como uma habilidade, algo que a gente pega o jeito com a prática e vai se acostumando a fazer. Aristóteles tinha uma maneira interessante de enxergar a ética. Para ele, não se tratava tanto de seguir um monte de regras, mas sim dos princípios que podemos incorporar dentro de nós mesmos. O objetivo desses princípios é estimular o melhor da nossa natureza, o que nos faz bem e também beneficia os outros.

UMA PROPOSTA DE MUDANÇA DE PARADIGMA

Se nos sentimos em um mundo tão desprovido de autenticidade e integridade, a maneira como podemos responder a esse cenário, como líderes, é por meio da nossa própria atitude. Adotando um estilo de liderança mais humano, fundamentado na compaixão, no respeito às pessoas e na integridade. Qualidades como essas, reforçadas pela ética secular, são a chave para uma liderança que atua a partir de um significado mais profundo.

Talvez você precise revisitar uma crença ultrapassada de que prosperidade e ética são conceitos inconciliáveis, que não andam juntos. Como líder, você poderia até se perguntar: *é possível*

---

41 ARISTÓTELES. **Ética a Nicômaco**. São Paulo: Nova Cultural, 1987.

crescer e alcançar resultados extraordinários, e, ao mesmo tempo, praticar uma abordagem ética na minha liderança? A prática da liderança com base em valores éticos não me deixaria vulnerável? Na verdade, são crenças como essas que ainda fazem perpetuar uma cultura nociva, que já foi responsável por enormes danos humanos e ambientais. Não perceber que a prática ética é justamente a fonte de força de que tanto precisamos é como ignorar a essência do que é ser verdadeiramente humano.

Então você vai precisar ir lá no seu coração e ativar essa chave, mas você não está só. Eu e minha equipe preparamos uma forma especial de fortalecer isso. Vamos juntos?

QUALIDADES ÉTICAS ESSENCIAIS PARA LIDERAR

A curiosidade que nutro por este tema tem sido minha bússola por muitos anos, conduzindo-me por longas viagens, estudos detalhados e até mesmo à participação em retiros em que esses tópicos foram aprofundados. Considerando tudo o que vi e estudei, eu e minha equipe de pesquisa identificamos um conjunto de qualidades que acreditamos ser essenciais para liderar no mundo que está se configurando. Elas não são apenas fontes de força para quem as aplica, mas também fundamentais na construção de uma sociedade mais humana. É importante reforçar que estudos da neurociência demostram que todas essas qualidades podem ser desenvolvidas através de treinamentos. O neurocientista e autor Rick Hanson, no livro *O cérebro e a felicidade*,[42] nos mostra que qualidades, como a compaixão, podem ser treinadas por meio de práticas mentais. Ou seja, todas as qualidades abordadas a seguir, que você decidir incorporar em sua vida, dependerão apenas da sua disposição de

---

42 HANSON, R. **O cérebro e a felicidade:** como treinar sua mente para atrair serenidade, amor e autoconfiança. São Paulo: Martins Fontes, 2015.

A POTÊNCIA DA LIDERANÇA CONSCIENTE

praticá-las. Eu convido você a entender cada uma delas e a avaliar como implementá-las na sua realidade.

1. COMPAIXÃO

A compaixão pode ser definida como "o sentimento que surge quando você se depara com o sofrimento do outro e se sente motivado para aliviar esse sofrimento."[43]

Essa é a raiz das demais qualidades que veremos a seguir. Por isso, dedicaremos um pouco mais de energia nela. Para ajudar você a compreender o poder que ela pode desencadear em você, trarei também algumas fundamentações científicas.

Estou profundamente convencido de que investir no desenvolvimento da compaixão é uma das escolhas mais valiosas que podemos fazer na vida.

Eve Ekman, uma das maiores pesquisadoras no campo das emoções, nos explica que compaixão não é o mesmo que empatia ou altruísmo, ainda que os conceitos estejam relacionados. Embora a empatia se refira, de maneira mais geral, à nossa capacidade de assumir a perspectiva e sentir as emoções de outra pessoa, a compaixão é quando esses sentimentos e pensamentos incluem o desejo de ajudar.

Mesmo que a compaixão seja um campo relativamente novo de interesse científico, as pesquisas a associam cada vez mais a melhorias na saúde, no bem-estar psicológico e na qualidade nas relações interpessoais.[44] No campo da liderança, o que muitas pesquisas vêm mostrando é a importância de desenvolvermos líderes mais compassivos. Uma pesquisa sobre liderança ética, realizada pela Universidade

---

43 WHAT is compassion? **Greater Good Magazine**. Disponível em: https://greater good.berkeley.edu/topic/compassion/definition. Acesso em: 26 jul. 2023.

44 SIMON-THOMAS, E. R.; NAUMAN, E. Think your organization is compassionate? **Greater Good Magazine**, 3 jul. 2013. Disponível em: https://greatergood.berkeley. edu/article/item/think_your_organization_is_compassionate. Acesso em: 26 jul. 2023.

QUALIDADES HUMANAS ESSENCIAIS

de Padova,[45] demonstrou que líderes "abnegados" eram mais influentes e criavam locais de trabalho mais comprometidos e compassivos. Líderes abnegados colocam valores e crenças acima de interesses pessoais, e com isso influenciam o comportamento de cidadania organizacional dos liderados e o comprometimento organizacional.

Não é à toa que grandes instituições de pesquisa e ensino, como Berkeley, Stanford e Emory, têm criado áreas de pesquisa e protocolos fundamentados de desenvolvimento dedicados ao estudo da compaixão.[46]

Jetsunma Tenzin Palmo, uma importante professora de filosofia, certa vez me disse: "quando se deparar com o medo e com a raiva, comunique-se a partir da generosidade e da compaixão". Em seu livro, *The Heroic Heart* (O Coração Heroico, em tradução livre),[47] ela nos fornece uma dica para despertarmos a compaixão ao ter que lidar com atitudes difíceis – o que não é raro em um ambiente de trabalho, não é mesmo? Ela nos diz que sentiremos natural compaixão quando percebermos que as pessoas não prejudicam as outras se não estiverem machucadas internamente. Compreender atitudes negativas como manifestação de um sofrimento interno ajuda a lidar melhor com os outros e consigo mesmo, quando for o caso.

Uma pesquisa da Potential Project, com mais de 15 mil líderes, apontou que a prática da liderança compassiva tem correlação direta com a evolução na carreira. Os dados também mostram que os líderes que se avaliam como alguém com forte

---

45 VIANELLO, M.; GALLIANI, E. M.; HAIDT, J. Elevation at work: the effects of leaders' moral excellence. **The Journal of Positive Psychology**, v. 5, n. 5, p. 390-411, 20 out. 2010. Disponível em: https://www.tandfonline.com/doi/abs/10.1080/17439760.2010.5 16764. Acesso em: 20 ago. 2023.

46 GREATER GOOD SCIENCE CENTER – BERKELEY. Disponível em: https://ggsc. berkeley.edu/. CENTER FOR CONTEMPLATIVE SCIENCE AND COMPASSION BASED ETHICS – EMORY. Disponível em: https://www.compassion.emory.edu/. CENTER FOR COMPASSION AND ALTRUISM RESEARCH AND EDUCATION – STANFORD. Disponível em: https://ccare.stanford.edu/sct. Acesso em: 20 ago. 2023.

47 PALMO, J. T. **The heroic heart**: awakening unbound compassion. Boulder: Shambhala Publications, 2022.

A POTÊNCIA DA LIDERANÇA CONSCIENTE

compaixão têm 66% menos estresse do que seus colegas menos compassivos, intenção de desistir 200% menor e eficácia 14% maior. A mensagem-chave da pesquisa é: "para uma liderança ideal, sabedoria e compaixão devem ser combinadas."[48] A mesma publicação mostra que um grande número de líderes da atualidade tem consciência da importância da compaixão para a liderança, porém muitos deles não sabem como aprimorar essa qualidade.

COMO CULTIVAR A COMPAIXÃO?

Em um artigo publicado na revista científica do Centro de Ciências Greater Good, da Universidade de Berkeley,[49] são sugeridas as seguintes práticas para cultivar a compaixão:

* **Sentindo apoio:** pense nas pessoas com quem você conta quando sente angústia ou passa por desafios e lembre-se dos momentos em que sentiu o conforto oferecido por elas. Pesquisas indicam que essa prática pode ajudar a sentir mais compaixão pelos outros;

* **Meditando sobre a compaixão:** cultive a compaixão por um ente querido, por você mesmo, por uma pessoa neutra e até por um inimigo. (Uma meditação guiada de compaixão estará nos materiais de apoio no final deste capítulo);

* **Colocando um rosto humano no sofrimento:** ao ler notícias, procure perfis de pessoas específicas e tente imaginar como tem sido a vida delas;

* **Criando lembretes de conexão:** algo como uma frase que lembre objetivos comuns, palavras como "comunidade" ou uma imagem que lembre conexões interpessoais.

---

48 CARTER, J.; HOUGAARD, R. **Compassionate leadership**: how to do hard things in a human way. Massachusetts: Harvard Business Review, 2022.

49 HOW to cultivate compassion. **Greater Good Magazine**. Disponível em: https://greatergood.berkeley.edu/topic/compassion/definition#how-cultivate-compassion. Acesso em: 26 jul. 2023.

QUALIDADES HUMANAS ESSENCIAIS

Claro que não pretendo encerrar aqui um tema tão profundo. Minha missão, agora, é convidar você a despertar e aprofundar a compaixão como uma característica sua e, consequentemente, da sua liderança.

2. GENEROSIDADE

Esta é uma atitude de altruísmo, um desejo de partilhar e dar algo que genuinamente ajude as outras pessoas, o que fica muito mais autêntico se estiver baseada no sentimento de compaixão. Ela é considerada por vários estudos da felicidade uma base para uma vida com significado. De acordo com Tal Ben-Shahar,[50] especialista em psicologia positiva e liderança, a generosidade não beneficia apenas aqueles que recebem, mas também aqueles que dão. Em suas palestras e escritos, ele argumenta que atos de generosidade e bondade liberam endorfina no cérebro, proporcionando uma sensação de bem-estar.

Além disso, Ben-Shahar aponta que, quando praticamos generosidade, cultivamos relacionamentos mais fortes e significativos, que são vitais para nossa felicidade e bem-estar geral. A generosidade pode fortalecer a conexão entre as pessoas, criar uma sensação de comunidade e contribuir para uma vida com propósito.

Na liderança, ela pode ser vista e praticada de maneira ampla. A generosidade pode envolver, por exemplo, a oferta de tempo, energia, conselhos sábios ou até mesmo a presença atenta. O próprio ato de praticar seus valores e seu propósito na liderança pode ser considerado uma forma de generosidade.

3. AMOR

Em sua essência, o amor é a disposição de se doar totalmente em tudo o que se faz. É quando nada é medíocre, nem foi

---

50 BEN-SHAHAR, T. **Happier:** learn the secrets to daily joy and lasting fulfillment. Nova York: McGraw-Hill, 2007.

A POTÊNCIA DA LIDERANÇA CONSCIENTE

realizado pela metade ou sem a plenitude da sua potência. No contexto da liderança, o amor é a capacidade de engajar, conectar e inspirar as pessoas pela empatia, compreensão e o respeito genuínos. É ter a sensibilidade de reconhecer o valor e o potencial de cada membro da equipe e criar instâncias e estímulos para que eles possam brilhar.

Muitos estudos sugerem que o amor não é apenas uma emoção, mas também uma força motivacional que pode levar a ações positivas e resultados significativos. Essencialmente, o amor na liderança envolve a prática constante de valores como respeito, empatia e bondade, o que, por sua vez, cria um ambiente de trabalho mais colaborativo e produtivo. Brené Brown, autora e pesquisadora sobre vulnerabilidade na liderança, define: "amor é sentir-se profundamente visto e conhecido ao revelar nossos eus mais vulneráveis em um relacionamento respeitoso, gentil e afetuoso."[51]

Assim como a generosidade, o amor na liderança também é reciprocamente benéfico. Ao expressar amor genuíno por sua equipe, você cria um ambiente onde as pessoas se sentem valorizadas e apreciadas. Isso pode resultar em maior proximidade entre colegas, satisfação no trabalho, melhor desempenho e, finalmente, aumento na felicidade geral e no bem-estar da equipe.

Praticar o amor na liderança significa dedicar-se de maneira genuína à sua equipe e à sua visão. Isso não se limita a gestos grandiosos, mas também pode ser observado nas pequenas ações do dia a dia – desde ouvir ativamente até proporcionar um feedback construtivo e encorajador. Ao cultivar o amor em sua liderança, você se aperfeiçoa como líder e contribui para a criação de uma cultura de trabalho mais positiva e significativa.

---

51 BROWN, B. **Atlas of the heart:** mapping meaningful connection and the language of human experience. Nova York: Vermilion, 2021.

PRATICAR O AMOR
NA LIDERANÇA
SIGNIFICA
DEDICAR-SE DE
MANEIRA GENUÍNA
À SUA EQUIPE
E À SUA VISÃO.

@daniel.spinelli

A POTÊNCIA DA LIDERANÇA CONSCIENTE

4. ALEGRIA

A alegria, em sua manifestação mais pura, é a expressão do nosso melhor lado. É uma energia vibrante que irradia quando nos permitimos brilhar. A alegria, além de uma emoção, é também uma atitude perante a vida, uma maneira de encarar as experiências com gratidão e oportunidade de aprendizado.

O autoconhecimento é uma ferramenta crucial no cultivo da alegria. Ao reconhecer nossas sombras e trabalhar para transformá-las, abraçamos nossa humanidade e permitimos que esse sentimento floresça. A alegria se origina não na negação das nossas falhas ou de problemas, mas na aceitação e na constante dedicação para melhorá-las. É sobre relaxar um pouco nosso controle diante das situações da vida e acreditar que é justamente esse relaxamento que nos levará mais perto dos nossos objetivos.

A alegria não é sinônimo de extroversão. Independentemente do nosso perfil comportamental, seja ele mais introvertido ou extrovertido, a alegria pode ser cultivada. Ela reside na capacidade de ver o positivo, o lúdico e o potencial de aprendizado em todas as situações.

Na liderança, a alegria é uma força poderosa. Ela incentiva a colaboração, promove a criatividade e nutre um ambiente de trabalho mais leve. Líderes que a cultivam inspiram pessoas a darem o melhor de si, a aprenderem sempre e a encararem os desafios com coragem e determinação.[52]

COMO PRATICAR ALEGRIA

* Celebrando as pequenas vitórias, especialmente a das outras pessoas;
* Criando um ambiente, física e psicologicamente, positivo e mais descontraído;

---

52 CAMERON, K. **Positively energizing leadership**. São Francisco: Berrett-Koehler, 2021.

QUALIDADES HUMANAS ESSENCIAIS

* Praticando gratidão (no seu diário escrito e na sua comunicação);
* Promovendo momentos lúdicos com o time;
* Mostrando apreciação e reconhecimento pelos esforços das pessoas à sua volta, inclusive quando você alcança realizações importantes;
* Praticando o otimismo e mantendo uma atitude positiva de aprendiz, mesmo em situações difíceis.

As atitudes que citei são contagiantes. Quando você cultiva a alegria na liderança, isso se espalha para toda a equipe e as pessoas ao seu redor!

Lembre-se de que essa alegria não deve ser falsa, forçada ou usada para suprimir os problemas ou a tristeza. Você pode realizar várias dessas práticas mesmo não estando em seus melhores dias. Elas podem, inclusive, ajudar a gerenciar, de maneira autêntica e verdadeira, uma situação desafiadora, trazendo um pouco mais de leveza para que os diálogos e soluções possam surgir.

5. RESPEITO

É uma qualidade que exige reconhecer e valorizar a individualidade e a dignidade de todas as pessoas. Respeitar alguém é honrar seu valor intrínseco, independentemente de suas características pessoais, como opiniões, preferências, características físicas, faixa etária ou renda. Essa qualidade é fundamental na liderança. Nesse contexto, o respeito é a porta de entrada para a diversidade e a inclusão. Através dele, líderes são capazes de identificar qualidades particulares e acolher as diferenças entre os membros da equipe. A diversidade de pensamentos, quando bem gerenciados, promove inovação, criatividade e soluções mais eficazes para os desafios que surgem.

Na liderança, praticar o respeito significa ouvir ativamente, mostrar consideração pelas opiniões e sentimentos dos outros, e

A POTÊNCIA DA LIDERANÇA CONSCIENTE

abster-se de julgamentos precipitados. Ao fazer isso, você está construindo um ambiente de trabalho igualitário, no qual todos se sentem confortáveis para se expressar, contribuir e crescer. Isso não apenas beneficia o indivíduo e o time, mas também fortalece uma atitude da qual o mundo tem se encontrado cada vez mais carente.

Para auxiliar nesse processo de evolução contínua, você pode praticar uma perspectiva profunda, que atravessa todas as características superficiais de uma pessoa. Essa abordagem penetra através de todas as características que agradam ou desagradam cada um, e não se baseia apenas em concordância ou discordância. O objetivo dessa sabedoria, que se reflete em nossa consciência, é nos familiarizarmos com a verdadeira natureza de cada indivíduo, que, em última análise, é um ser humano assim como nós.

6. PRESENÇA

Muitas vezes subestimada, a presença é uma qualidade essencial na liderança. Presença significa cultivar a plena atenção e o engajamento no agora, trazendo toda a sua energia para o que está acontecendo no momento presente. Ela nos permite nos conectar de maneira mais profunda com os outros, aprender mais efetivamente e entender melhor o mundo ao nosso redor.

Contudo, a presença enfrenta o desafio da distração e de uma gestão inadequada do tempo, seus grandes sabotadores. Seja através das incessantes notificações dos nossos aparelhos digitais ou de pensamentos que nos tiram do momento presente, somos constantemente atraídos para fora do agora. No entanto, a presença pode ser treinada e cultivada. A partir de práticas, como a meditação de atenção plena (a qual já vimos na etapa da autoconsciência), podemos aprender a gerenciar a atenção e aumentar a capacidade de foco no que realmente importa.

Na liderança, estar presente significa dar total atenção à situação e às pessoas envolvidas. Em longo prazo, a presença tem um efeito cumulativo importante: melhora a qualidade das decisões e possibilita a formação de parcerias mais profundas e significativas, além de estreitar os laços de confiança. Portanto, essa prática é um pilar essencial para quem quer liderar de maneira consciente.

> *Podemos compartilhar palavras a partir de um nível de presença e cuidado, sabendo que isso será sentido pelo outro.*
> **Soren Gordhamer, fundador e anfitrião do Wisdom 2.0**[53]

"POR QUE INVESTIR MEU TEMPO NISSO?"

Cultivar as qualidades humanas essenciais que discutimos não é apenas benéfico, mas também transformador. Uma história real ilustra isso vividamente. Havia um gerente em uma grande empresa brasileira que era sempre criticado pela equipe. Por conta disso, o RH decidiu implementar um programa de fortalecimento de times. Inicialmente, o líder resistiu a um trabalho individual, como coaching ou mentoria. Porém, durante um dos workshops, do qual fui facilitador, desafiei-o a ser o primeiro a dar o exemplo do que estávamos ali trabalhando. Ele aceitou o desafio. Fiz algumas sessões de mentoria com ele, e o que se seguiu nos meses posteriores foi transformador. Esse líder desenvolveu e exemplificou várias das qualidades essenciais que discutimos.

Esse processo não foi fácil. Exigiu um compromisso considerável da parte dele, mas ele estava disposto a fazer esse investimento em si mesmo e em sua equipe. A recompensa? Não apenas a própria transformação, mas a de todo o ambiente de trabalho. Quando me reencontrei com ele, alguns anos depois, já como diretor em outra empresa, ele me disse que muitos membros daquela equipe haviam se tornado seus amigos íntimos. Ele me contou, emocionado, que quando saiu da empresa, seus colegas de trabalho organizaram

---

53 GORDHAMER, S. **Wisdom 2.0:** segredos antigos para o criativo e constantemente conectado. São Francisco: Harperone, 2009.

uma homenagem comovente para ele. O efeito de pautar nossa liderança em valores éticos é que não apenas criamos ambientes de trabalho mais saudáveis e equipes mais engajadas como também conexões mais profundas e respeito mútuo.

PARA LEVAR PARA A SUA REALIDADE

Felizmente, hoje temos um volume considerável de evidências em campos como biologia evolutiva e neurociência sugerindo que, mesmo sob um olhar científico rigoroso, a compaixão e a preocupação pelo bem-estar alheio não são apenas questões de interesse pessoal. Acredito que essa prova, somada às nossas experiências individuais e ao bom senso, compõe um forte argumento a favor do cultivo de qualidades humanas essenciais como as que apresentei.

Tenho passado pessoalmente por essas transformações e, em minhas mentorias e palestras, encontrado líderes que, como aquele que mencionei na história anterior, viram profundos resultados após simples mudanças de atitude. O que tenho aprendido no processo é que aqueles que decidem seguir pelo caminho da prática da ética como base da sua liderança se dão conta do valor inestimável dessas qualidades humanas essenciais. Podemos transformá-las em valores a serem lembrados diariamente e praticados a cada momento.

Neste ponto crucial, líderes têm a oportunidade de usar o que vimos nesta etapa para tornarem-se referência em suas organizações. Agora, você pode incorporar essas qualidades humanas essenciais no seu dia a dia e, por meio do seu exemplo, protagonizar transformações culturais por onde passar.

Como apoio nessa jornada, desenvolvi duas meditações para você realizar diariamente enquanto estiver implementando-as. Essas práticas são uma maneira eficaz de cultivar a ética secular, dentro de si e na sua liderança.

Você pode acessar esses recursos por meio do QR Code a seguir.

QUALIDADES HUMANAS ESSENCIAIS

Quero lembrar que essa mudança pessoal é mais do que possível e os benefícios são surpreendentemente transformadores, mas que o primeiro passo depende de você. Venha e junte-se a nós na prática dessas qualidades!

Desenvolver aprendizes ativos, que tenham desejo em aprender, que assumam riscos de maneira apropriada e aceitem os desafios de se tornar líderes motivados por um mundo melhor.
Missão de uma escola pública da comunidade de Mundoo nas Ilhas Maldivas[54]

---

[54] Missão escrita na parede de uma escola pública da comunidade de Mundoo, nas Ilhas Maldivas. Disponível em: https://drive.google.com/file/d/1xUY76OrDiTNVTB9 eallKJXKdHdqcOUQj/view?usp=drive_link Foto tirada pelo autor em 28 out. 2022 - tradução livre.

capítulo 9

Autotranscendência – de uma rotina automática para uma agenda consciente

Só é sábio o homem que se mantém senhor de si mesmo.
Bhagavad Gita[55]

Ser líder é um chamado para exercer a capacidade de influenciar e impactar o nosso entorno. A verdadeira liderança emerge da nossa essência, das escolhas que fazemos e do exemplo que damos com nossas atitudes.

E é por isso que, como líderes, precisamos manter a consciência que nos permite navegar com clareza e lucidez em um mundo

---

55 RESNICK, Dr. Howard. Guia Completo da Bhagavad-gita: com Tradução Literal. Formato eBook Kindle, 2017

cada vez mais turbulento e perdido em superficialidades. O desafio é como fazer isso.

Você acabou de chegar à última etapa da dimensão de Autoliderança do nosso método. Neste ponto da nossa jornada, apresento hábitos que devem ser estabelecidos para você se manter muito mais consciente e em movimento contínuo de autossuperação. Vamos ver, por exemplo, como estabelecer um alinhamento maior com seus objetivos, como melhorar sua produtividade, sua saúde física e mental. Sim, existem formas de se fazer isso, e vou mostrar como. Afinal, sempre é tempo de transcender a nós mesmos.

Nunca deveríamos subestimar o impacto que podemos ter por meio da nossa própria transformação.

Imagine uma pessoa que quer ter um corpo mais saudável. Vamos chamar essa nossa personagem de Ana. Ela ouve falar que praticar atividades físicas é uma das formas de conseguir isso, e decide, então, ir para a academia e treinar por seis horas seguidas. Quando pode, o que é raro, volta à academia e faz a mesma coisa.

Agora, vamos imaginar outra possibilidade, em que Ana, ao saber da importância da atividade física para a saúde, decide implementar o hábito de realizar vinte minutos de exercício físico todos os dias. Qual desses dois caminhos você acredita que ajudará Ana a alcançar melhores resultados?

Sem dúvida, a segunda opção é a melhor e talvez até a única para que a nossa personagem conquiste um corpo mais saudável. Em outras palavras, a resposta para o que nós, líderes, buscamos em termos de desenvolvimento rápido e eficaz reside na construção de hábitos conscientes e, principalmente, na consistência dessas atitudes.

Charles Duhigg, em seu livro *O poder do hábito*,[56] nos explica que os hábitos são, em sua essência, padrões neurais que economizam esforço mental. No entanto, esses padrões automáticos podem nos manter presos em um ciclo de pensamentos e ações limitantes

---

56 DUHIGG, C. **O poder do hábito:** por que fazemos o que fazemos na vida e nos negócios. Rio de Janeiro: Objetiva, 2012.

tes ou que, quando alinhados com nossos objetivos e valores, têm o poder de se transformar em um dos nossos principais veículos de realização. Qual a diferença? Consciência e decisão sobre os nossos hábitos!

E é por isso que James Clear, autor de *Hábitos atômicos*,[57] destaca a força transformadora de pequenas mudanças consistentes. Ele ensina que o sucesso não é resultado de mudanças enormes feitas de uma vez, mas de pequenos avanços diários que se acumulam ao longo do tempo como parte da rotina.

Assim, para que possamos manter a consistência necessária para alcançar um novo patamar de liderança, é preciso ir além dos nossos automatismos. É necessário construir uma rotina de práticas conscientes. O que vou apresentar a seguir é um conjunto de hábitos poderosos para você implementar no seu dia a dia. Cada um tem um propósito e, uma vez implementados, eles ajudarão você a desenvolver habilidades-chave que o impulsionarão na direção de uma liderança realmente capaz de influenciar positivamente seu time e a cultura da sua organização.

ROTINA DE PRÁTICAS

Além de diversas evidências científicas que comprovam a eficácia desses hábitos, todas essas práticas fazem parte da minha rotina. Ou seja, além das pesquisas, tenho comprovado pessoalmente e sentido os benefícios dessas práticas. Convido você a avaliar cada um dos passos, compreendê-los e identificar quais fazem sentido para a sua realidade, tendo em mente também o efeito positivo deles em sua vida.

---

[57] CLEAR, J. **Hábitos atômicos:** um método fácil e comprovado de criar bons hábitos e se livrar dos maus. Rio de Janeiro: Alta Books, 2019.

AUTOTRANSCENDÊNCIA – DE UMA ROTINA
AUTOMÁTICA PARA UMA AGENDA CONSCIENTE

1. MEDITAÇÃO 1: PRÁTICA DE ATENÇÃO PLENA

Essa prática, por meio da meditação, vai ajudar você a manter a mente focada, a melhorar a tomada de decisões e a reduzir os efeitos negativos do estresse. Comece praticando por pelo menos dois minutos ao dia e aumente gradualmente. Quando praticada por líderes, existem fortes evidências de que essa prática gera impactos tangíveis também em seus colaboradores diretos, como redução dos índices de burnout, aumento do índice de satisfação com o trabalho e melhora na performance do grupo.

> *De várias formas a prática de atenção plena é uma maneira de desbloquear comportamentos positivos de liderança.*
> **Do livro Compassionate leadership**[58]

Por experiência própria, eu adicionaria aos benefícios já mencionados outros aspectos que considero que serão cada vez mais relevantes para o futuro da liderança:

* Maior capacidade de gerenciar a atenção;
* Aumento da presença de corpo e mente e consequente melhoria nas conexões humanas;
* Ampliação da consciência e despertar da percepção do aspecto sutil nas situações;
* Mudança de percepção da realidade, ajudando a se liberar de tendências habituais e adquirir novos hábitos;
* Desenvolvimento da percepção da importância das pausas conscientes.

Frequência sugerida: diária.

---

58 HOUGAARD, R.; CARTER, J. **Compassionate Leadership**. *op. cit.*

2. MEDITAÇÃO 2: QUALIDADES HUMANAS ESSENCIAIS

Essa importante prática, vista no capítulo anterior, se transformada em um hábito diário vai lhe ajudar a incorporar cada uma das qualidades que você escolheu para fazer parte da sua liderança. É uma prática curta, e minha sugestão é que você a faça logo após a meditação de atenção plena.

Frequência sugerida: diária.

3. MEDITAÇÃO 3: COMPAIXÃO

Para a prática da compaixão, também vista no capítulo anterior, a minha sugestão é fazer ao menos uma vez na semana. Além de no dia estabelecido como padrão, você pode lançar mão dela toda vez que estiver em uma situação difícil com alguém. Então, você pode aproveitar e praticá-la, não só mentalizando essa pessoa em específico, mas também outras que lhe vierem à mente nesse momento.

Frequência sugerida: semanal + ocasional.

4. REFLEXÃO BREVE

Reserve um tempo diário para refletir sobre suas ações, decisões e interações. Use esse tempo curto, mas bastante valioso, para considerar o que aprendeu, o que poderia ter feito de maneira diferente e quais ações deseja tomar no futuro em relação aos seus pares. Você pode usar a atividade do diário, que vimos na etapa sobre autogestão, para aplicar essa prática. O importante é fazer disso um hábito. Para mim, funciona bem como a última atividade do dia, no tempo entre desligar as telas e dormir.

Frequência sugerida: diária.

PARA QUE
POSSAMOS MANTER
A CONSISTÊNCIA
NECESSÁRIA PARA
ALCANÇAR UM
NOVO PATAMAR
DE LIDERANÇA, É
PRECISO IR ALÉM
DOS NOSSOS
AUTOMATISMOS.

@daniel.spinelli

5. APRENDIZADO CONTÍNUO

Seja por meio da leitura, de cursos, podcasts ou webinars, busque continuamente expandir seu conhecimento e sua perspectiva. Afinal, uma mente aberta e curiosa é um recurso valioso para quem lidera. Reserve um tempo semanal e dedique-se a expandir seus conhecimentos e habilidades. Líderes conscientes cultivam a atitude aprendiz.

Frequência sugerida: leitura diária + evento semanal.

6. AUTORREFLEXÃO

Reserve também em sua semana um tempo para uma reflexão mais profunda, que leva mais tempo que a reflexão diária. Revise seus valores, examine seus principais objetivos e verifique se suas ações estão alinhadas com eles. Criei um documento pessoal, que abro para me guiar nesse momento da semana. Nele, tenho um checklist e os links para os demais arquivos com informações que quero revisitar. Ele é assim:

* **Revisitar meu quadro de visão:** um documento com imagens do que quero realizar. Este livro que você tem em mãos, por exemplo, já esteve lá. Alguns chamam isso de quadro dos sonhos;

* **Revistar meus objetivos:** neste documento, tenho uma lista dos meus objetivos para cada área da vida. Por exemplo: saúde, carreira, aprendizagem, caminho espiritual etc.;

* **Refinar a agenda:** abro a agenda da semana e checo se ela está alinhada com meus objetivos. Por exemplo, vejo se os tempos de meditação, leitura e atividade física estão lá. Bloqueio momentos na agenda para aprendizagem e para trabalhar nos projetos importantes de longo prazo. Também costumo limpar compromissos da agenda,

recusando reuniões que surgiram, mas de que não preciso participar, ou delegando atividades para meu time. Esse também é o momento em que combino as atividades com minha equipe, verificando as durações e as pautas dos encontros;

* **Momento de transcendência:** eu gosto de conectar todas as minhas atividades com minha caminhada espiritual, então, antes de desligar tudo, faço uma mentalização mais ou menos assim:

Que eu possa estar inspirado e consciente em tudo o que fizer.

Que eu possa tocar positivamente a vida das pessoas com quem eu encontrar.

Que eu possa estar sempre protegido e com saúde para prosseguir minha missão.

Que meu trabalho possa beneficiar muitos seres.

Frequência sugerida: semanal (eu costumo fazer no domingo à noite).

7. CUIDADO COM A SAÚDE FÍSICA

Há uma forte ligação entre mente e corpo. Mantenha-se em atividade e tenha uma alimentação balanceada. Pequenas alterações, como a prática regular de exercícios e a redução do consumo de alimentos processados, podem impactar significativamente no seu bem-estar e desempenho.

Frequência sugerida: diária.

> *O maior erro que um homem pode cometer é sacrificar a saúde a qualquer outra vantagem.*
> **Arthur Schopenhauer**[59]

---

59 SCHOPENHAUER, A. *In*: PENSADOR. Disponível em: https://www.pensador.com/frase/ODA0Ng/. Acesso em: 27 jul. 2023.

8. CULTIVO DO SEU LADO ESPIRITUAL

Se essa for uma prática importante para a sua vida, desenvolver o lado espiritual pode ser também uma grande fonte de inspiração e apoio para uma liderança mais consciente. A espiritualidade, independentemente de afiliação religiosa, pode trazer uma perspectiva mais ampla, uma compreensão mais profunda do propósito e uma conexão mais forte com a sua humanidade. Além disso, é uma fonte de serenidade e resiliência, apoio importante em tempos de incerteza ou dificuldade. Líderes que conseguem fazer da carreira um ambiente de prática dos seus princípios espirituais terão mais facilidade de compreender os impactos de longo prazo de suas ações, caracterizando uma liderança mais consciente e humanizada.[60]

Então, a minha sugestão é buscar manter a conexão diária com suas práticas espirituais, tais como leituras de textos sagrados, assistir a cultos ou ensinamentos, fazer preces, recitar mantras, entre outros, conforme a cultura de práticas que você decidiu realizar.

Frequência sugerida: diária.

MINUTOS QUE VÃO MUDAR A SUA VIDA

Ao incorporar esses hábitos à sua rotina, você construirá a fundação para uma liderança mais consciente e eficaz. Lembre-se de que é um processo, portanto não acontece da noite para o dia. Tal como James Clear salienta em *Hábitos atômicos*, "o mais importante é a consistência, e não a perfeição". No entanto, a chave para a efetividade desses hábitos é a autenticidade. Não significa apenas dar por concluída uma lista que deve ser rigidamente

---

[60] MACKEY, J.; SISODIA, R. **Conscious leadership:** elevating humanity through business. Boston: Portfolio, 2020. Referências adicionais com evidências dos benefícios da meditação: RUPPRECHT, S. *et al.* Mindful leader development: how leaders experience the effects of mindfulness training on leader capabilities. **Frontiers in Psychology**, v. 10, 15 maio 2019. Disponível em: https://www.frontiersin.org/articles/10.3389/fpsyg. 2019.01081/full. Acesso em: 27 jul. 2023. GOLEMAN, D.; DAVIDSON, R. **A ciência da meditação**. Rio de Janeiro: Objetiva, 2017.

AUTOTRANSCENDÊNCIA – DE UMA ROTINA AUTOMÁTICA PARA UMA AGENDA CONSCIENTE

seguida, mas praticar com qualidade e atenção plena os passos que fazem sentido para você.

Como líder, ao adotar esses hábitos, você não apenas vai aprimorar a própria capacidade de liderança, mas também se tornará um modelo para os outros. Você passará a influenciar a cultura organizacional onde está atuando, incentivando um ambiente de aprendizado e práticas éticas. Nesse sentido, a autotranscendência na liderança é um convite para despertar e quebrar padrões de pensamento e comportamento limitantes, para cultivar uma mentalidade e hábitos que promovem a autenticidade, a conexão humana e a colaboração genuína. É um caminho para a construção de uma liderança mais humana e eficaz, e para a real elevação do nível de consciência nas organizações.

Boas práticas!

2

SEGUNDA DIMENSÃO DO MÉTODO:
liderando pessoas

Pessoas não seguem cargos.
Pessoas seguem pessoas.
Sandro Magaldi e José Salibi Neto[61]

Depois de estabelecer a base firme da autoliderança, é hora de olhar para fora, para as pessoas que você está gerindo. Por isso, a próxima dimensão do nosso método é **liderando pessoas**. Com as ferramentas que aprenderá nesta dimensão, você avançará significativamente em direção ao engajamento de equipes, potencializando sua habilidade de realização e de transformar vidas.

Se na primeira dimensão buscamos o mergulho interno, nesta usaremos as habilidades cultivadas na etapa de autoliderança para melhorar a maneira como lideramos as pessoas e as equipes.

Assim como um maestro rege uma orquestra, líderes têm o desafio de combinar talentos individuais de uma maneira que fortaleça o grupo, criando uma melodia afinada. É preciso interagir com uma equipe – composta por colegas, subordinados, parceiros ou *stakeholders* – para criar uma sinfonia de sucesso. Toda pessoa é um instrumento único, cada um com seu próprio som e papel na composição geral. É função de quem lidera conhecer e apreciar essas diferenças, entender como elas harmonizam e direcionar todos

---

61 MAGALDI, S.; NETO, J. S. **Liderança disruptiva**. São Paulo: Gente, 2018.

SEGUNDA DIMENSÃO DO MÉTODO:LIDERANDO PESSOAS

em uma performance coesa e significativa. Assim, entender como liderar pessoas de maneira eficaz e consciente é fundamental.

Esta segunda dimensão do método traz quatro etapas fundamentais para a ampliação de suas habilidades de liderar pessoas de maneira consciente e eficaz:

* Motivação: qual é o seu porquê?;
* Segurança psicológica;
* Escuta;
* Chaves para o engajamento.

Essas etapas proporcionam a base necessária para conduzir as pessoas ao redor de uma maneira inspiradora e empática. Nos próximos capítulos, examinaremos detalhadamente cada um desses passos, para que você possa integrá-los à sua prática de liderança.

Portanto, convido você a embarcar na próxima etapa da nossa jornada. Vamos descobrir juntos o que significa liderar pessoas de maneira íntegra e consciente, mesmo diante dos desafios do mundo de hoje.

capítulo 10

Qual é o seu porquê?

Imagine poder despertar a fonte de energia vital e altos níveis de comprometimento e dedicação em cada membro de sua equipe. Imagine tornar o projeto que você lidera em não apenas mais uma obrigação de trabalho, mas um movimento inspirador do qual todos querem fazer parte. Parece um sonho distante, não? Acredite, essa não é uma fantasia, e sim uma possibilidade real. Tudo começa com a descoberta e a comunicação autêntica do "porquê", a poderosa razão pela qual você, seu time e sua organização existem.

Encontrar os motivos maiores pelos quais fazemos as coisas, nossos propósitos, é um conceito central para o trabalho de Simon Sinek,[62] pensador visionário e um dos meus grandes influenciadores no campo da liderança. Suas ideias transformadoras foram fundamentais para provocar mudanças significativas em minha vida e me ajudaram a encarar a liderança sob uma perspectiva mais humana e intencional. Em todas as organizações por onde tenho espalhado essa mensagem, tenho orgulho de dizer que os resultados são transformadores. Aliás, observando e conhecendo o trabalho das pessoas mundo afora, espanta-me a quantidade de

---

62 SINEK, S. **Comece pelo porquê:** como grandes líderes inspiram pessoas e equipes a agir. Rio de Janeiro: Sextante, 2018.

QUAL É O SEU PORQUÊ?

pessoas que vivem como robôs, trabalhando meramente em troca de dinheiro, reconhecimento ou até mesmo para preencher uma vida de pouco significado. Aqui é exatamente onde entra um dos papéis mais importantes de uma liderança consciente: ajudar as pessoas a compreenderem a importância do trabalho que estão fazendo; a entenderem a diferença que estão fazendo no mundo. E só há um jeito de fazer isso: identificando o propósito da sua organização e, dentro desse contexto, o da área pela qual você é responsável. Quanto mais verdadeira for a sua conexão pessoal com esses propósitos, mais energia você terá e mais contagiante e inspiradora será sua liderança.

O PODER DE UM PROPÓSITO QUE NOS TRANSCENDE

Por mais de uma vez, tive a oportunidade única de unir forças com um time de voluntários para construir casas de emergência em comunidades precárias, atividade organizada pela TETO Brasil.[63] Saí dessas experiências com grandes aprendizados, mas talvez um dos mais profundos tenha sido perceber a energia intensa e quase palpável da qual dispúnhamos durante aqueles dias de construção e direcionamos para uma atividade tão importante.

Era notável ver pessoas, algumas que nunca tinham nem sequer utilizado ferramentas de construção, transcendendo suas limitações e habilidades, impulsionadas pelo propósito ardente de fazer a diferença na vida daquelas famílias. Aquela energia, aquela dedicação, era algo que podíamos sentir na pele – era contagiante.

A recompensa que eu recebi e o profundo bem-estar que senti após dias de trabalho árduo superavam qualquer coisa que eu já havia experimentado. Aquele trabalho, mesmo longe das minhas áreas de competência, trouxe uma satisfação inenarrável.

---

63 Saiba mais sobre a TETO em: https://teto.org.br/sobre-a-teto/.

Estou contando isso para encorajar você a buscar experiências similares, mas também para convidar à reflexão: quais foram as razões que me levaram, assim como meus companheiros de construção, a um engajamento tão profundo? Como é possível um trabalho não remunerado e fisicamente exaustivo gerar um bem-estar tão grande?

O segredo está na conexão profunda que estabelecemos com um propósito maior. Naqueles dias, não estávamos trabalhando por recompensa financeira, estávamos dedicando nosso esforço e nossa energia a algo que fazia muito sentido, algo que ressoava em nosso coração. Naquele caso, transformar a realidade daquelas famílias, oferecendo a elas um lugar minimamente digno para morar. E é justamente nesse tipo de conexão e propósito que acredito ser possível encontrar um significado mais profundo para a vida. E por que isso não pode começar no nosso próprio trabalho?

UM PODER MUITAS VEZES IGNORADO

Infelizmente, mesmo cientes de seu propósito, muitas pessoas o abandonam em meio às demandas e pressões cotidianas. De acordo com um relatório do Potential Project, feito em parceria com a *Harvard Business Review*,[64] muitos líderes até reconhecem que conduzem com propósito em momentos grandiosos, como diante de plateias, mas tendem a deixá-lo de lado no pragmatismo da rotina. Isso precisa ser revisto, pois o mesmo relatório evidencia que líderes guiados por uma missão têm melhores resultados em:

* Engajamento e coesão da equipe;
* Redução dos níveis de estresse e burnout;
* Bem-estar geral do time;
* Comprometimento organizacional.

---

[64] THE hidden side of purpose: leaders know it's important, but they struggle to make it happen. **Potential Project**, 2023. Disponível em: https://drive.google.com/file/d/13ZaBiDzB7-SSv1Sb6qsTCcsGE2fr7vwr/view?usp=drive_link. Acesso em: 27 jul. 2023.

Por isso, convido você a refletir sobre as razões mais nobres que podem nortear o seu trabalho e a sua organização. E para ajudar nesse quesito, apresento a seguir um exercício.

EXERCÍCIO: IDENTIFICANDO E INCORPORANDO O PROPÓSITO

Primeiramente, reflita sobre suas próprias motivações e, então, anote as suas respostas para os questionamentos a seguir.

QUAL A RAZÃO MAIS PROFUNDA QUE ME IMPULSIONA A FAZER O QUE FAÇO?

Não se preocupe em ter a resposta perfeita, você não vai precisar apresentar isso para ninguém. Essa é uma pergunta que pode ser revisitada com certa frequência para que sua resposta seja continuamente refinada. O meu propósito, por exemplo, já evoluiu muito desde a primeira vez que fiz o exercício. O mais importante é você começar e mantê-lo em mente.

QUAL O PROPÓSITO DA MINHA ORGANIZAÇÃO? O QUE ELA ENTREGA PARA O MUNDO? COMO O MUNDO OU A VIDA DAS PESSOAS FICA MELHOR A PARTIR DISSO?

Isso talvez não esteja muito claro para a própria alta liderança da organização ou talvez você se depare com propósitos superficiais, como proporcionar lucro para os acionistas. Nesse caso, se estiver na sua área de influência, talvez você possa convidar seus colegas a repensar as razões de existência da organização. Se não for possível, pelo menos tente construir algo mais nobre na sua área de atuação. O mais importante é que seja REAL e não só um discurso.

DICA PARA INCORPORAR SEU PROPÓSITO E LIBERTAR SEU POTENCIAL TRANSFORMADOR

Revisite o seu "porquê" regularmente. Você pode fazer isso reservando um tempo intencional para refletir sobre as razões que motivam sua liderança e suas ações. Pode ser útil escrever essas reflexões e voltar a elas sempre que desejar.

Por exemplo: imagine a diretora de uma empresa de tecnologia, cujo propósito é facilitar a vida contábil de novos negócios. Ela pode começar o dia lendo histórias de novos empresários que se beneficiaram dessa solução e acompanhar dados de aumento da saúde financeira dessas empresas.

Agora, o próximo passo é conectar o time ao propósito. Mas como fazer isso?

DICAS PARA CONECTAR O TIME AO PROPÓSITO DA ORGANIZAÇÃO

* **Comunicação regular:** comunique de maneira clara e constante o propósito da organização e como cada membro da equipe contribui para ele. Por exemplo, nas reuniões semanais, destaque como as atividades da sua equipe naquela semana contribuíram para o propósito maior da organização;

* **Viver o propósito:** mostre, por meio de suas ações diárias, como o propósito da organização é importante – por exemplo, usando o propósito declarado como referência para as suas tomadas de decisão, pautas de reunião e definição de prioridades de agenda;

* **Reconhecimento e celebração:** reconheça e celebre o trabalho da equipe que se alinha ao propósito da organização. Isso poderia incluir prêmios, elogios ou simplesmente um reconhecimento verbal.

QUAL É O SEU PORQUÊ?

Pode ser que você precise adaptar essas sugestões de acordo com as suas necessidades específicas e da realidade da sua organização. A chave é manter o propósito no coração de tudo que você faz como líder. Como último item do exercício, convido você a responder com bastante atenção:

COMO POSSO CONECTAR O PROPÓSITO DA ORGANIZAÇÃO COM O TRABALHO DO TIME?

Defina duas ou três atitudes para isso. Pode ser com base nas dicas anteriores ou outras que sejam aplicáveis à sua realidade.

> *Para aqueles que ocupam uma posição de liderança, criar um ambiente no qual as pessoas sob seu comando se sintam parte de algo maior do que elas mesmas é sua responsabilidade como líder.*
> **Simon Sinek**[65]

Eu sei que esse é um desafio grande, que pede reflexão profunda, introspecção e, muitas vezes, coragem para reconhecer e enfrentar desafios e inconsistências. Mas saiba que se conectar com suas motivações mais profundas é um dos melhores investimentos que você pode fazer em sua liderança. Esta não é uma ferramenta qualquer, é uma das mais poderosas para desbloquear o potencial de quem quer liderar para uma nova cultura.

Essa liderança não é apenas aquela que indica o caminho a ser seguido. Ela compreende a razão de cada passo, sente a essência da jornada e é capaz de contagiar as pessoas ao seu redor com essa visão. Essa liderança não apenas guia, mas também inspira, motiva e transforma vidas.

Portanto, convido você a mergulhar nessa jornada de aprendizado em equipe. Porque, quando você se conecta profundamente

---

65 SINEK, S. *op. cit.*

A POTÊNCIA DA LIDERANÇA CONSCIENTE

com seu propósito e é capaz de transmiti-lo aos outros, não apenas lidera um time, mas também cria um movimento. E esse movimento tem o poder de transcender o ordinário e revolucionar vidas.

É assim que grandes líderes fazem a diferença e deixam a sua marca no mundo.

SE CONECTAR COM SUAS MOTIVAÇÕES MAIS PROFUNDAS É UM DOS MELHORES INVESTIMENTOS QUE VOCÊ PODE FAZER EM SUA LIDERANÇA.

@daniel.spinelli

capítulo 11

Segurança psicológica – o fator não reconhecido que pode elevar sua liderança

Em uma equipe, a confiança tem tudo a ver com vulnerabilidade, o que é difícil para a maioria das pessoas.
Patrick Lencioni[66]

Você já se perguntou por que algumas equipes são mais inovadoras, resistentes e eficazes do que outras? Ou por que alguns ambientes de trabalho fomentam a criatividade e o

---

66 LENCIONI, P. **Os 5 desafios das equipes:** uma história sobre liderança, reuniões e resultados. São Paulo: Sextante, 2007.

aprendizado contínuo, enquanto outros parecem abafar a expressão e a inovação? A resposta para isso é: segurança psicológica.

A segurança psicológica, muitas vezes negligenciada e mal compreendida, é a base para a construção de equipes bem-sucedidas e inovadoras. Compreender e cultivar a segurança psicológica pode ser a diferença entre liderar uma equipe que tem medo de cometer erros e uma equipe que vê os erros como oportunidades de aprendizado e crescimento. Pode ser a diferença entre um ambiente de trabalho no qual as pessoas têm medo de expressar suas ideias e um ambiente no qual a expressão é valorizada e encorajada.

A segurança psicológica é uma crença compartilhada pelos membros de uma equipe de que é seguro correr riscos, expressar ideias e preocupações, fazer perguntas e admitir erros – sem medo de reações negativas. É uma "permissão sentida para a franqueza", conforme definida por Amy Edmondson,[67] professora da Harvard Business School.

A importância da segurança psicológica na criação de equipes de alto desempenho é comprovada em pesquisas ao longo dos anos, incluindo a pesquisa original de Edmondson[68] e um estudo realizado no Google,[69] conhecido como Projeto Aristóteles. Esse projeto buscou entender o que afetava a eficácia da equipe em toda a empresa e descobriu que o fator mais importante não era quem estava na equipe, mas como o time trabalhava junto, sendo a chave para isso a segurança psicológica.

---

[67] EDMONDSON, A. C. **A organização sem medo:** criando segurança psicológica no local de trabalho para aprendizado, inovação e crescimento. Rio de Janeiro: Alta Books, 2020.

[68] EDMONDSON, A. C. Psychological safety and learning behavior in work teams. **Administrative Science Quarterly**, v. 44, n. 2, p. 350-383, 1999.

[69] DUHIGG, C. What Google learned from its quest to build the perfect team. **The New York Times Magazine**, 25 fev. 2016. Disponível em: https://www.nytimes.com/2016/02/28/magazine/what-google-learned-from-its-quest-to-build-the-perfect-team.html?_r=1. Acesso em: 27 jul. 2023.

A POTÊNCIA DA LIDERANÇA CONSCIENTE

Como líder, é fundamental avaliar a segurança psicológica da equipe e trabalhar ativamente para fomentá-la. Isso inclui admitir a própria falibilidade, convidar as pessoas do time para, ativamente, participarem e responderem a situações que envolvem pedidos de ajuda e erros. Também é crucial entender que a segurança psicológica não é sobre "ser agradável" ou sentir-se confortável o tempo todo. Aprender, cometer erros e identificar falhas podem ser situações desconfortáveis, mas é esse desconforto que leva ao crescimento e à inovação.

Em resumo, a segurança psicológica é um aspecto crítico da liderança eficaz. Com ela, você pode criar um ambiente onde cada membro da equipe se sinta valorizado, ouvido e seguro para se expressar abertamente. E, como líder que deseja liderar de maneira mais consciente e promovendo ambientes mais humanos, você deve aspirar a nada menos do que isso.

Vamos nos aprofundar nesse tópico para que você possa transformar suas equipes por meio do poder da segurança psicológica.

> *A franqueza pode ser difícil, mas*
> *a falta de franqueza é ainda pior.*
> **Amy Edmondson**[70]

POR QUE A SEGURANÇA PSICOLÓGICA É IMPORTANTE?

A segurança psicológica leva os talentos de uma empresa a se sentirem mais engajados e motivados porque acreditam que suas contribuições importam e que podem expressar suas opiniões sem medo de retribuição. Isso pode resultar em melhores tomadas de decisão, já que as pessoas se sentem mais à vontade para

---

70 EDMONDSON, Amy C. **A organização sem medo:** como construir um ambiente de trabalho de aprendizado contínuo para o sucesso de longo prazo. São Paulo: Editora HSM, 2019.

expressar opiniões e preocupações, o que muitas vezes leva a uma diversidade maior de perspectivas sendo ouvidas e consideradas.

Esse sentimento também pode fomentar uma cultura de aprendizado contínuo, pois os membros da equipe se sentem à vontade para compartilhar seus erros e aprender com eles. O que as pesquisas mencionadas anteriormente têm identificado é que há um impacto direto dessa cultura no desempenho da equipe, na inovação, na criatividade e no aprendizado.

COMO IDENTIFICAR SE A EQUIPE TEM SEGURANÇA PSICOLÓGICA?

Para avaliar a percepção de segurança psicológica, Edmondson desenvolveu um questionário simples com sete itens. Avaliando os itens abaixo, você terá uma noção do grau em que as pessoas que compõem a equipe se sentem psicologicamente seguras:

1. Se você cometer um erro nessa equipe, ele não será usado contra você;
2. Membros dessa equipe conseguem trazer à tona problemas e questões difíceis;
3. As pessoas nessa equipe aceitam as outras por serem diferentes;
4. É seguro correr riscos nessa equipe;
5. Não é difícil pedir ajuda a outros membros dessa equipe;
6. Ninguém nessa equipe agiria deliberadamente de uma maneira que minasse meus esforços;
7. Ao trabalhar com membros dessa equipe, minhas habilidades e meus talentos únicos são valorizados e utilizados.

A POTÊNCIA DA LIDERANÇA CONSCIENTE

COMO VOCÊ PODE FOMENTAR A SEGURANÇA PSICOLÓGICA?

Agora que você compreendeu o poder da segurança psicológica, pode estar se perguntando: *como posso fomentá-la em minha equipe?*

Em primeiro lugar, lembre-se: cada palavra e ação sua, como líder, pode afetar a construção desse sentimento na equipe. É uma música delicada e constante, e você precisa orquestrá-la, a começar pelo próprio exemplo.

* **Demonstre que a voz de todos é essencial:** faça sua equipe entender que cada opinião importa e que cada voz tem um espaço para se expressar. Não se trata apenas de dizer a eles, mas de mostrar. Quando membros de um time percebem que suas ideias são ouvidas e consideradas, eles sentem que é seguro falar;

* **Admita suas falhas:** ninguém é perfeito e todos nós cometemos erros. Como líder, admitir suas falhas e mostrar como você aprendeu com elas não é uma fraqueza, é um ato de coragem. Isso abre caminho para que a equipe faça o mesmo;

* **Convide a participação ativa:** não espere que sua equipe venha até você com suas ideias e preocupações, reserve momentos na agenda e convide o grupo a compartilhar dúvidas e ideias. Mostre a eles que você realmente deseja ouvir o que eles têm a dizer. Sempre faça perguntas abertas que encorajem o diálogo e a discussão;

* **Responda produtivamente:** se alguém da equipe se manifesta com uma ideia incomum ou feedback difícil, como você reage? Cada interação é uma oportunidade para reforçar a segurança psicológica, portanto, responda com abertura e gratidão, mesmo quando o que você ouve não é o que gostaria;

- **Substitua a culpa por curiosidade:** se surgir um problema ou erro, não busque um culpado. Busque soluções e aprendizados, o que envolve demonstrar curiosidade genuína sobre o que deu errado e como você e sua equipe podem aprender com a experiência.

OS DOIS MITOS DA SEGURANÇA PSICOLÓGICA

Finalmente, é importante desmistificar alguns conceitos errôneos sobre segurança psicológica. O primeiro é que não estamos falando de "ser agradável". Na verdade, muitos ambientes de trabalho superpolidos não proporcionam segurança psicológica porque não há franqueza e as pessoas se sentem silenciadas pela cortesia forçada. O segundo é que segurança psicológica não é sobre se sentir confortável o tempo todo. Aprender, cometer erros e identificar falhas geralmente são processos desconfortáveis. Ser vulnerável envolve riscos. O segredo é correr esses riscos em um ambiente seguro, onde não haverá consequências interpessoais negativas caso algo dê errado. E é papel da liderança estabelecer esse ambiente.

A segurança psicológica é uma prática essencial para a inovação, a criatividade, a eficácia da equipe e a satisfação geral do funcionário. Para alcançar isso, é necessário esforço, vulnerabilidade e disposição para confrontar normas e comportamentos prejudiciais. Como líderes, devemos aspirar a criar um ambiente onde cada pessoa da equipe se sinta valorizada, ouvida e segura para se expressar abertamente. É nesse tipo de ambiente que a mágica realmente acontece.

capítulo 12

Escuta – a chave de ouro da comunicação que conecta

E ntre as características de toda liderança que se guia por princípios humanos está uma habilidade muitas vezes subestimada, mas fundamental: escutar. Nas minhas andanças pelas organizações, observei que os problemas de comunicação são regularmente considerados um dos maiores desperdiçadores de energia nos times de trabalho. Uma pesquisa feita pela Divisão de Inteligência do The Economist Group sobre os efeitos da má comunicação em ambientes organizacionais aponta o aumento no nível de estresse, o atraso ou até o fracasso na entrega de um projeto como as consequências mais significativas.[71] Embora a tecnologia tenha nos proporcionado ferramentas impressionantes para estarmos

---

71 THE ECONOMIST INTELLIGENCE UNIT. **Communication barriers in the modern workplace**, 2018. Disponível em: https://impact.economist.com/perspectives/sites/default/files/EIU_Lucidchart-Communication%20barriers%20in%20the%20modern%20workplace.pdf. Acesso em: 27 jul. 2023.

cada vez mais conectados, paradoxalmente, as desconexões entre as pessoas parecem estar em ascensão.

Em uma era em que temos acesso a mais canais de comunicação do que nunca, de e-mails a mensagens instantâneas, videoconferências a mídias sociais, poderíamos pensar que estamos mais conectados. No entanto, a verdade é que estamos mais propensos a mal-entendidos e a uma sensação de isolamento. Estamos nos comunicando mais, mas ouvindo menos. Essa dissonância entre a proliferação de tecnologia e a falta de conexão humana real sugere que precisamos repensar o papel da escuta na liderança.

Ou seja, mais do que nunca, precisamos aprimorar nossa capacidade de ouvir genuína e empaticamente. Por quê? Porque a escuta efetiva não é apenas sobre entender as palavras ditas, e sim apreender o que está por trás delas: ideias, sentimentos, inseguranças e valores. E é esse entendimento mais profundo que nos permitirá construir verdadeiras conexões humanas e liderar de maneira mais efetiva, mesmo diante do frenesi de um mundo complexo e ansioso.

O PROBLEMA DA FALTA DE ESCUTA

O desafio que enfrentamos, como líderes e membros de uma equipe, é que, muitas vezes, não estamos realmente nos ouvindo. A consequência dessa falta de escuta efetiva se manifesta de várias maneiras, algumas óbvias e outras mais sutis, mas todas impactam negativamente a eficiência, a produtividade e o clima da organização.

É muito comum nos deparamos com retrabalhos decorrentes dos desalinhamentos ou diferentes interpretações, o que resulta em conflitos desnecessários. Decisões são tomadas com base em informações mal interpretadas, acarretando resultados indesejados. Os desalinhamentos se formam enquanto as percepções errôneas ganham terreno, minando a confiança e a colaboração – aspectos fundamentais para um trabalho em equipe de sucesso. Além disso, quando as vozes dos membros da equipe são ignoradas ou mal interpretadas, isso pode levar a uma sensação de desvalorização e contribuir para o desengajamento do time e a rotatividade de colaboradores.

E talvez a consequência mais significativa e danosa da falta de escuta seja a desumanização das relações no local de trabalho. Quando não nos escutamos, corremos o risco de tratar uns aos outros não como indivíduos complexos e multifacetados, mas como simples engrenagens de uma máquina, cujos sentimentos e perspectivas são irrelevantes. Essa desumanização pode criar uma cultura de trabalho fria e distante, na qual as pessoas se sentem desconectadas e desmotivadas.

Em suma, quando falhamos em ouvir uns aos outros, perdemos a capacidade de entender e apreciar nossas diferenças, falhamos em aprender uns com os outros e, por fim, fracassamos em criar um ambiente de trabalho em que todos se sintam valorizados e compreendidos. Esta é a aventura da qual convido você a participar nesta etapa da nossa jornada: aprimorar a habilidade de escuta, compreendendo-a como um passo fundamental para aprimorar a forma como lideramos.

O QUE PODE ACONTECER QUANDO NÃO ESCUTAMOS

Vamos considerar o caso de um líder que, embora tivesse a melhor das intenções, tinha o hábito de se envolver em outras atividades enquanto as pessoas falavam com ele. Checava ou escrevia mensagens durante uma conversa ou dividia sua atenção entre várias tarefas durante uma reunião. Seu comportamento dava a impressão de que ele não estava realmente ouvindo. Em muitos casos, isso de fato acontecia. Essa falta de atenção resultava em desentendimentos frequentes, informações perdidas e decisões mal-informadas. Além disso, minava a confiança da equipe com esse líder. As pessoas começaram a duvidar se suas palavras e opiniões realmente importavam para ele.

O dano não parou por aí. A sensação de desvalorização que os membros de seu time sentiam constantemente era notável e desmoralizante. Eles tinham a sensação de que suas ideias e preocupações eram ignoradas, resultando em um declínio significativo no moral da equipe. Acreditar que suas contribuições não são valorizadas pode levar à desmotivação e, em última análise, à diminuição do desempenho individual e coletivo.

No coração desse problema está a falta de escuta verdadeira e ativa, com base na qual é importante destacar ainda mais a necessidade dessa habilidade essencial para quem quer liderar em uma cultura mais forte e humana. São tantas as pessoas superatarefadas que é possível que você se identifique com essa história que acabei de contar. É possível que você esteja caindo na mesma armadilha ou lidando diretamente com alguém que tenha esse comportamento.

Qual é a pegadinha aqui? Não perceber que escutar com qualidade é um dos melhores investimentos que quem lidera pode fazer. Não apostar no desenvolvimento dessa habilidade fundamental significa lidar com todas as consequências das falhas de comunicação decorrentes. Você está diante de mais uma oportunidade de ouro em sua caminhada: líderes excepcionais têm capacidade de escuta muito diferenciada e compreendem a importância dela.

E como tomar consciência disso e praticar? Existem inúmeras teorias e métodos que nos ensinam como aprimorar tal habilidade, mas uma das minhas preferidas é a dos Quatro Níveis de Escuta,[72] proposta por Otto Scharmer, professor do MIT, o Instituto de Tecnologia de Massachusetts, e autor do livro *Teoria U*.[73] Essa abordagem de escuta nos oferece uma perspectiva valiosa e prática para

---

[72] SCHARMER, O. C. Four types of listening. **Awaking Readings**. Disponível em: https://www.awakin.org/v2/read/view.php?tid=2426. Acesso em: 27 jul. 2023.

[73] SCHARMER, O. C. **Teoria U:** como liderar pela percepção e realização do futuro emergente. Rio de Janeiro: Alta Books, 2019.

A POTÊNCIA DA LIDERANÇA CONSCIENTE

aprimorar a habilidade de comunicação, seja como líderes ou como membros de uma equipe. Ao ler cada um dos estilos, eu convido você a fazer uma autoavaliação de quanto a sua escuta no ambiente de trabalho está em cada uma delas. Vamos aos quatro níveis:

1. ESCUTA DO DOWNLOAD

Esse é o nível mais básico de escuta, em que ouvimos para confirmar o que já sabemos. Na prática, significa ouvir com atenção, mas sem questionar nossas próprias suposições e crenças. É quando dizemos: "ah, isso eu já sabia!". Ou seja, estamos ouvindo e apenas confirmando nossos padrões de pensamentos e julgamentos preexistentes. Esse é um tipo de escuta arriscado de se praticar, pois não leva a nenhum tipo de ampliação de consciência nem de aprendizado.

2. ESCUTA FACTUAL

Nesse nível, nos abrimos a novas informações e deixamos suposições de lado para entender melhor a situação. Isso implica estar realmente presente na conversa e com foco no que quer que seja dito, sem interrupções ou distrações. É quando dizemos: "ah, veja isso!". Ou seja, estamos nos abrindo às percepções da realidade e a informações diferentes das que sabíamos. Quando ouvimos dessa forma, estamos abrindo a mente para novas ideias.

3. ESCUTA EMPÁTICA

Aqui, nos esforçamos para nos conectar emocionalmente com o outro, tentando compreender seus sentimentos e suas perspectivas. Isso significa não ouvir apenas as palavras, mas também reconhecer e validar as emoções que as acompanham. É quando dizemos: "ah, sim, eu percebo como você se sente". Quando ouvimos de maneira empática, podemos gerar mudanças para além de nossas próprias perspectivas. Segundo Scharmer, a escuta empática é:

uma habilidade que pode ser cultivada e desenvolvida, assim como qualquer outra habilidade nas relações humanas. É uma habilidade que exige que ativemos uma fonte diferente de inteligência – a inteligência do coração.[74]

4. ESCUTA GENERATIVA

O nível mais profundo de escuta, em que nos abrimos para sermos transformados pelo que ouvimos. Neste nível, buscamos a compreensão mútua e a cocriação de soluções e ideias. É quando nos sentimos em conexão com algo maior do que nós mesmos. Sabe aquele encontro ou reunião em que as ideias fluem de maneira incrível e estamos potentes e criativos? Imagine quantos grandes problemas já foram resolvidos com insights e soluções que surgiram naturalmente quando as pessoas envolvidas se sentiam em estado de fluxo. Essa é a escuta generativa.

Em cada uma dessas etapas, a qualidade da nossa escuta se desenvolve, levando-nos de uma escuta superficial para uma escuta mais profunda, em que a verdadeira compreensão e conexão acontecem.

VAMOS PRATICAR E DEIXAR A MÁGICA ACONTECER

Agora que entendemos a importância da escuta e os seus impactos na liderança, o próximo passo é praticá-la de maneira mais consciente. Sabemos que a mudança não acontece da noite para o dia. Esta é uma habilidade que requer prática constante e intencional, mas os benefícios valem a pena.

Convido você a participar de um exercício prático, que será um marco no seu desenvolvimento como líder, pois ajuda a expandir sua

---

74 *Idem ibidem.*

A POTÊNCIA DA LIDERANÇA CONSCIENTE

capacidade de escuta. Com a prática, você verá mudanças importantes na sua compreensão da realidade, e também testemunhará o impacto positivo em sua liderança e nas pessoas ao seu redor.

> *Liderar não é sobre estar no comando. É sobre cuidar daqueles que estão sob seu comando.*
> **Simon Sinek**[75]

LEVANDO PARA A PRÁTICA

Este exercício é uma adaptação do que aprendi no programa de formação de professores de inteligência emocional, o Search Inside Yourself, no Vale do Silício,[76] que me ajudou tremendamente a aprimorar minhas habilidades de escuta. Podemos chamá-lo de **escuta atenta**, e é de grande ajuda para desenvolver uma presença mais genuína e atenciosa.

* **Passo 1:** encontre um parceiro com quem você possa realizar este exercício. Pode ser um colega, um membro da equipe ou até mesmo alguém da sua família;
* **Passo 2:** faça uma pergunta não trivial ao seu parceiro. A pergunta deve ser algo que exija mais do que apenas uma resposta "sim" ou "não". Por exemplo, você poderia perguntar: "como você se sentiu na última vez que alcançou um objetivo importante?" ou "o que você mais valoriza na sua vida neste momento e por quê?";
* **Passo 3:** quando seu parceiro começar a responder, faça um esforço consciente para realmente ouvi-lo.

---

75 TOZZI, E. "Coragem é o principal requisito para ser um bom líder", diz o autor britânico Simon Sinek. **Você S/A**, 29 ago. 2016. Disponível em: https://vocesa.abril.com.br/geral/coragem-e-o-principal-requisito-para-ser-um-bom-lider-diz-o-autor--britanico-simon-sinek. Acesso em: 27 jul. 2023.

76 IMPROVE your communication skills with mindful listening. **Search Inside Yourself Leadership Institute**. Disponível em: https://siyli.org/improve-communication-mindful-listening/. Acesso em: 27 jul. 2023.

ESCUTA – A CHAVE DE OURO DA COMUNICAÇÃO QUE CONECTA

Evite interrupções, perguntas ou comentários. Apenas ouça. Esse é o momento de praticar a presença e de se envolver totalmente no que está sendo compartilhado. Trate sua escuta como um presente que você está dando a essa pessoa;

* **Passo 4:** quando seu parceiro terminar de falar, agradeça a ele por compartilhar. Evite dar conselhos ou fazer julgamentos. Simplesmente reconheça que você ouviu o que ele tinha para lhe dizer.

Repita esse exercício com certa frequência. Com o tempo, você perceberá que sua habilidade de escutar se torna mais ativa e mais profunda. Lembre-se: essa prática é um presente que você oferece a outra pessoa e um componente fundamental da liderança efetiva.

capítulo 13

Engajando times – a arte de engajar pessoas e gerar grandes resultados

Estamos prestes a embarcar juntos no marco final de nossa jornada pela segunda dimensão – a liderança de pessoas. Já percorremos um caminho importante até aqui, exploramos como incorporar o propósito à sua liderança, como cultivar ambientes de segurança psicológica e como transformar a escuta em uma habilidade estratégica. Agora, prepare-se para receber a última iniciação que irá completar a sua caixa de ferramentas dessa dimensão: o engajamento de times.

Esta etapa é uma chave de ouro. Aqui, você aprenderá ferramentas inestimáveis para levar a qualidade de sua liderança a um novo patamar. Ao dominá-las, você não só será capaz de produzir resultados extraordinários, mas também de fomentar um engajamento mais profundo na sua equipe.

Dados divulgados em pesquisa Gallup (2023) evidenciam que a grande maioria (mais de 75%) das pessoas ao redor do mundo está desengajada com relação ao trabalho, e estima-se que isso custe mais de 8 trilhões de dólares à economia global. De acordo com o relatório: "a liderança e a gestão influenciam diretamente o engajamento no local de trabalho, e há muito que as organizações podem fazer para ajudar seus funcionários a prosperar no trabalho".[77]

O engajamento é mais do que apenas um indicador de satisfação no trabalho – é fator essencial que leva pessoas e equipes a patamares extraordinários. As organizações e o mundo precisam cada vez mais de líderes que dominem essa arte. Vamos, então, adentrar esse novo universo de possibilidades, porque a capacidade de liderar com efetividade e engajamento pode ser aprendida, e está ao seu alcance.

UMA HABILIDADE IMPRESCINDÍVEL PARA A SUA LIDERANÇA

Engajar sua equipe é uma habilidade que precisa ser considerada essencial, pois ela é a força motriz por trás de equipes prósperas e organizações bem-sucedidas. Uma liderança consciente será capaz de integrar dois aspectos importantes: o alcance de resultados extraordinários e ambientes de trabalho saudáveis e engajadores. Uma pesquisa publicada na *Harvard Business Review*[78], envolvendo 60 mil líderes, identificou que apenas 13% das

---

77 GALLUP. **State of the Global Workplace 2023 Report**. Disponível em: https://firstup.io/uk/blog/employee-engagement-key-to-company-success/. Acesso em: 10 ago. 2023.

78 ZENGER, J.; FOLKMAN, J. How managers drive results and employee engagement at the same time. **Harvard Business Review**, 19 jun. 2017. Disponível em: https://hbr.org/2017/06/how-managers-drive-results-and-employee-engagement-at-the-same-time. Acesso em: 10 ago. 2023.

lideranças organizacionais foram avaliadas de maneira elevada em duas áreas críticas: orientação para resultados e habilidades com pessoas. Essa descoberta mostra que a maior parte das pessoas que ocupam cargos de liderança ainda enfrenta dificuldades para entregar resultados e, simultaneamente, nutrir relações sólidas com suas equipes. O engajamento efetivo das equipes, portanto, torna-se um desafio importante, e deve ser olhado de perto.

Estudos sugerem que equipes engajadas são mais produtivas e inovadoras e que consideram sua organização um melhor lugar para se trabalhar.[79] Em uma era na qual bons talentos são indispensáveis para a prosperidade das organizações, a capacidade de criar um ambiente de trabalho de alto nível é um recurso inestimável.

UM MECANISMO FUNDAMENTAL POR TRÁS DO ENGAJAMENTO

Imagine um adolescente jogando o videogame favorito em uma tarde de sábado. Ele está totalmente absorvido, envolvido em uma batalha virtual épica com os amigos. De repente, a mãe dele entra na sala e pede que ele a ajude a podar as árvores no jardim.

Nesse instante, para o jovem, a mãe se torna uma distração. Ela está tentando redirecionar sua atenção e energia para algo que considera importante, mas que, para ele, não tem nenhuma relevância. Ele pode se sentir frustrado ou até mesmo resistente.

O que esse jovem sente nessa história não é muito diferente do que muitos colaboradores experimentam no ambiente de trabalho. Muitas vezes, eles precisam realizar tarefas que parecem desconectadas de seus interesses, suas habilidades ou dos

---

79 GALLUP. **Employee engagement**. Disponível em: https://www.gallup.com/394373/indicator-employee-engagement.aspx. Acesso em: 10 ago. 2023. / FIRSTUP. **Why employee engagement is key to company success**. Disponível em: https://hbr.org/2017/06/how-managers-drive-results-and-employee-engagement-at-the-same-time. Acesso em: 10 ago. 2023.

objetivos gerais da equipe e, muitas vezes, até da organização. Essa desconexão pode surgir porque os colaboradores não relacionam a tarefa com o objetivo maior, porque sentem que não têm os recursos ou as competências necessários para realizar a tarefa, ou até mesmo porque a tarefa é muito abaixo de suas habilidades, o que gera um sentimento de subutilização.

O exemplo do jovem no videogame pode ser um pouco extrapolado, mas dá uma boa ideia de uma gestão que usa apenas a própria perspectiva e não consegue flexibilizar seus padrões automáticos de liderança para fazer uma leitura melhor das pessoas e encontrar novos caminhos para se conectar com elas.

Se você conseguir fazer isso, terá pessoas mais envolvidas e engajadas sob sua liderança, que dão o melhor de si para alcançar os objetivos. E, o mais importante, elas verão o valor em suas tarefas e se sentirão valorizadas como parte da equipe. Note que estou criando uma provocação ao trazer o tema para o seu *lócus* de controle interno e fazer o que cabe a você, como líder. A seguir, vou falar sobre as ferramentas de que você precisa para levar isso para a prática.

AS CINCO FERRAMENTAS PARA O ENGAJAMENTO DA EQUIPE

1. COMUNICAR OBJETIVOS E ESTRATÉGIAS COM CLAREZA

Quando os membros de uma equipe estão perdidos ou confusos, rapidamente ficam insatisfeitos. Líderes que se comunicam bem e fornecem direcionamentos claros mantêm sua equipe muito mais engajada. Você deve tomar o cuidado para, sempre que possível:

A POTÊNCIA DA LIDERANÇA CONSCIENTE

- Envolver as pessoas na própria definição de objetivos e estratégias. Quanto mais eu estiver envolvido na criação de algo, mais eu vou me comprometer com aquilo. **Quer criar mais senso de dono? Envolva as pessoas na decisão, afinal: donos decidem.**

- Comunicar formalmente às pessoas, com clareza, os objetivos e as estratégias definidos. Isso deve ser feito o mais cedo possível e com todas as pessoas envolvidas. Novas pessoas no time? A integração precisa incluir essa etapa.

- Realizar a manutenção da comunicação. Atualize o time continuamente, mostre como estão evoluindo, dê espaço para dúvidas e sugestões.

Exemplo: imagine um líder de equipe num projeto de desenvolvimento de software. Ele traz o projeto para uma reunião com o time e utiliza métodos inclusivos de colaboração para que todos ajudem a definir a estratégia. Em seguida, tabula todas as informações e checa com o time se os direcionamentos e as estratégias definidas estão claros o suficiente, estimula o comprometimento, garantindo que cada membro da equipe entenda seu papel e a contribuição de seu trabalho para o cumprimento do objetivo. O time se reúne com regularidade para acompanhar a evolução do projeto, e, desse modo, o líder dá espaço para que novas pessoas sejam responsáveis por puxar ou apresentar partes do projeto.

2. CONSTRUIR JUNTOS METAS DESAFIADORAS

Quando as metas desafiadoras são estabelecidas em colaboração com a equipe, coisas incríveis acontecem. Isso nem sempre é possível, e depende do nível de maturidade do time, mas toda vez que você conseguir, procure envolver as pessoas nas definições de metas individuais e coletivas. Perguntas que podem ajudar: "Já chegamos até aqui, levando em consideração os objetivos estratégicos. Quais os próximos passos? De que recursos precisaremos para que isso possa acontecer?". O nível de comprometimento tende a ser maior quando as pessoas estão envolvidas, já que elas se sentem valorizadas, desafiadas e competentes. Lance mão dessa possibilidade sempre que possível.

Exemplo: uma líder de vendas estabelece metas elevadas de vendas, mas faz isso junto com a equipe. Ela se reúne regularmente com cada pessoa do time, ajudando-as a autoanalisarem suas performances e a identificarem oportunidades de melhoria; dá e pede feedbacks claros e apoia o time com os recursos necessários, como ferramentas e treinamentos. Como parte de um time, ela fomenta ideias, promove o desenvolvimento de capacidades e reconhece facilmente os esforços individuais.

3. INSPIRAR CONFIANÇA COM INTEGRIDADE

A liderança, em sua essência, é uma questão de caráter; é o reflexo de quem você é internamente. Grandiosidade, no tipo de liderança que estamos abordando neste livro, não é apenas liderar para fora, mas também de dentro (das suas entranhas) para fora (as pessoas e o mundo). É por isso que a primeira dimensão é sobre autoliderança: para que você possa chegar aqui e saber o que está acontecendo no seu mundo interno e como cuidar disso.

Bruna Martinuzzi, autora do livro *The leader as a mensch*,[80] oferece uma visão poderosa sobre isso. Ela discute o conceito de liderança com base em integridade e honra. Para Martinuzzi, ser líder é ser alguém com ética, decência, e que age com dignidade e respeito.

Nesse contexto, a liderança que Martinuzzi apresenta é exercida por alguém que inspira confiança não apenas por suas habilidades técnicas ou estratégicas, mas também porque demonstra consistentemente integridade em suas ações. Quem lidera assim

---

80 MARTINUZZI, B. **The leader as a mensch:** become the kind of person others want to follow. Vancouver: FriesenPress, 2013.

mantém suas promessas, age com transparência e é fiel aos seus valores mesmo quando enfrenta desafios. Sua integridade é a fonte de sua influência, e o motivo pelo qual as pessoas o seguem.

É a pessoa para quem queremos trabalhar, que queremos como nosso cônjuge ou parceiro de negócios – é quem receberíamos como amigo... Você sabe quando está na presença de alguém assim. São pessoas que têm uma presença calma e exalam credibilidade. Elas ganham respeito sem exigir. Frequentemente, lideram apenas pela força de seu exemplo, seja na sala de reuniões, na sala de aula ou na sala de estar.

Bruna Martinuzzi[81]

Exemplo: considere a história de Marcia, a diretora de uma startup de tecnologia. Marcia é conhecida por sua integridade e transparência. Compartilha abertamente com a equipe tanto as vitórias quanto os desafios da empresa. Quando houve um problema com um cliente importante, Marcia assumiu a responsabilidade, compartilhou a situação com a equipe e pediu ideias para resolver a questão. Ela não culpou ninguém; em vez disso, focou a busca de uma solução conjunta e os aprendizados que podiam ser tirados daquele evento.

Além disso, Marcia é conhecida por ser uma fonte de inspiração. Sob sua liderança, as pessoas se sentem ouvidas e aprendem continuamente. Ela se certifica de que cada membro da equipe entende o impacto de seu trabalho no sucesso geral da empresa. Percebe e reconhece cada vitória individual e coletiva. Marcia é o exemplo vivo de que liderança é sobre inspirar confiança por meio da integridade e motivar a equipe a atingir seu pleno potencial, sobretudo por seu próprio exemplo.

---

81 Em tradução livre.

4. CRIAR AMBIENTES DE APRENDIZAGEM

Para liderar de forma eficaz, é essencial entender que as organizações, assim como as pessoas, são organismos em constante evolução e aprendizado. Por isso, liderar com consciência é também buscar ativamente cultivar um ambiente de aprendizado na equipe e na organização.

Peter Senge, autor do livro *A quinta disciplina*,[82] oferece uma visão valiosa sobre isso. Ele explora a ideia de que as organizações verdadeiramente excelentes são aquelas que aprendem, e que a liderança tem papel-chave no processo de incentivo às formas expansivas de pensar, em que a aspiração coletiva é liberada e as pessoas aprendem juntas continuamente.

Líderes que criam ambientes de aprendizado acabam também incentivando a curiosidade, a inovação e o crescimento contínuo. São pessoas que entendem que o erro faz parte do processo de aprendizagem e criam um ambiente seguro e instâncias para a equipe experimentar, arriscar e, eventualmente, errar. Além disso, reconhecem o valor do aprendizado contínuo e fomentam a colaboração e a troca de conhecimento dentro da equipe.

> *O novo mundo que vem se estruturando aos nossos olhos tem tirado qualquer dúvida sobre a necessidade de aprendermos a vida toda.*
> **Conrado Schlochauer**[83]

Exemplo: Carlos, gerente de desenvolvimento de produtos em uma empresa gráfica, compreende que a aprendizagem contínua é a chave para a inovação e o sucesso da equipe. Ele adota uma

---

[82] SENGE, P. M. **A quinta disciplina:** arte e prática da organização que aprende. Rio de Janeiro: BestSeller, 1990.

[83] SCHLOCHAUER, C. **Lifelong learners:** o poder do aprendizado contínuo. São Paulo: Gente, 2021.

postura encorajadora para que os membros da equipe experimentem novas ideias e abordagens, mesmo que isso signifique cometer erros. Em vez de punir falhas, ele considera esses momentos oportunidades para aprendizado e crescimento.

Para apoiar esse ambiente de aprendizagem, Carlos implementou uma série de iniciativas: organiza workshops interativos sobre tópicos emergentes, promove um clube de leitura no qual os membros da equipe discutem livros relevantes para suas atividades e instituiu um programa de mentoria entre pares.

Além disso, Carlos promove sessões de reflexão após cada projeto, quando a equipe discute o que funcionou ou não e o que pode ser aprimorado. Essa cultura de aprendizado contínuo, impulsionada por Carlos, permite que a equipe encare cada dificuldade não como um fim, mas como uma oportunidade de aprendizado e evolução.

5. BUSCAR A PRÓPRIA EVOLUÇÃO CONTINUAMENTE

Ao fazer isso, você naturalmente aumenta sua integridade e demonstra liderança pelo exemplo. É como um eco que ressoa em todo o ambiente de aprendizagem que você construiu para a sua equipe.

Esse compromisso com o crescimento pessoal constante é um valor inestimável à jornada de líderes conscientes. É a prática da autotranscendência, que exploramos na dimensão anterior, manifestando-se de maneira tangível.

Ao se comprometer com sua própria evolução, você se transforma continuamente numa melhor versão de si, em alguém que não só alcança resultados, mas que também inspira, motiva e cria um ambiente seguro e favorável ao crescimento de todos. É esse tipo de líder que verdadeiramente influencia a criação de uma nova cultura.

Cada uma dessas ferramentas é uma maneira poderosa de aumentar o engajamento da sua equipe. Agora, desafio você a

ANTES DE PARTIR PARA A TERCEIRA DIMENSÃO DO MÉTODO

Assim encerramos nossa valiosa dimensão "liderando pessoas". Através desta jornada, exploramos os elementos cruciais para uma liderança efetiva e consciente, enfatizando a importância de integrar o propósito, criar um ambiente de segurança psicológica, aprimorar a habilidade de escuta e, finalmente, adotar ferramentas indispensáveis para o engajamento das equipes.

Liderar pessoas não é apenas uma questão de direcionar tarefas ou alcançar metas, é também um compromisso contínuo de impactar positivamente a vida das pessoas que você lidera. A cada interação, feedback ou decisão, você tem a oportunidade de influenciar alguém e até mesmo de transformar vidas.

Em sua liderança, lembre-se sempre de manter a consciência do impacto que causa na vida de seus liderados. Lembre-se da importância do engajamento das pessoas que você lidera e do poder que você tem para criar uma nova cultura. O compromisso que você demonstra com seu próprio desenvolvimento reverbera naqueles que você lidera.

Acima de tudo, encorajo você a continuar aprendendo, crescendo e buscando maneiras de elevar sua liderança, pois, ao fazer isso, não está apenas se elevando, mas também a todos aqueles que são e serão liderados por você.

Agora vamos seguir nossa jornada e entender como ampliar a consciência sobre suas relações e seus impactos organizacionais!

3

TERCEIRA DIMENSÃO DO MÉTODO:
interdependência e visão sistêmica

As pessoas que trabalham em equipe precisam colocar as necessidades coletivas do grupo acima de seus interesses individuais.
Patrick Lencioni[84]

gora vamos embarcar na terceira dimensão do nosso método. Aqui, ampliaremos nossa perspectiva para além de nós mesmos e da nossa equipe imediata, e examinaremos o impacto mais amplo que nossa liderança pode ter em toda a organização. Vamos responder à pergunta: **como podemos nos tornar líderes que transcendem as fronteiras das responsabilidades rotineiras e que influenciam positivamente a cultura, os processos e as pessoas em todo o ecossistema organizacional?**

Embora breve, essa dimensão não é, de maneira alguma, menos importante. Uma pergunta recorrente que recebo em minhas palestras e workshops é: "qual característica mais influencia a evolução na carreira de quem lidera?". E a minha resposta sempre é: "compreensão da interdependência e visão sistêmica". Reflita comigo: quando líderes agem de maneira autocentrada, focando apenas as próprias áreas, acabam contribuindo para a formação de silos organizacionais. Essa perspectiva estreita pode promover uma cultura de competição interna, em que as diferentes áreas da organização lutam

---

84 LENCIONI, P. *op. cit.*

TERCEIRA DIMENSÃO DO MÉTODO: INTERDEPENDENCIA E VISÃO SISTÊMICA

por recursos, em vez de colaborarem para objetivos comuns. A fragmentação e a falta de coordenação entre os departamentos podem levar a ineficiências, perda de oportunidades e, em última instância, impactar negativamente o desempenho geral da organização.

Kathleen Allen, autora de *Leading from the roots*,[85] fala sobre as consequências desse tipo de cultura individualista:

> Quando encontro essas dinâmicas em uma organização, sempre há perda de tempo, atenção e recursos que acompanham esses comportamentos. Nunca vi um ambiente organizacional com essa dinâmica que não pudesse economizar tempo, dinheiro e drama se fortalecesse a conectividade entre os indivíduos.[86]

Não é à toa que um dos itens avaliados pelo Great Place To Work,[87] uma ferramenta para conhecer a empresa, a partir da percepção das pessoas que trabalham nela, é a comunicação interna. A compreensão da interdependência e a visão sistêmica são capacidades fundamentais para liderar em um mundo complexo e interconectado. Quase todas as organizações que conheci carecem de mais profissionais com essas qualidades.

A visão sistêmica nos permite ir além do foco exclusivo no trabalho pelo qual somos responsáveis. Ela nos leva a entender o sistema organizacional de maneira integrada, nos ajudando a perceber melhor as áreas da organização como interdependentes. A compreensão dessa interdependência envolve reconhecer que mudanças em um componente do sistema podem afetar outros e impactar o sistema como um todo. Aliás, esse é o tipo de visão que podemos aplicar para muito além da organização onde atuamos. Podemos e devemos transcender essa qualidade e passar a olhar

---

85 ALLEN, K. **Leading from the roots:** nature-inspired leadership lessons for today's world. Nova York: Morgan James, 2018.

86 Em tradução livre.

87 GREAT PLACE TO WORK CERTIFICATION. Disponível em: https://www.great placetowork.com/solutions/certification. Acesso em: 27 jul. 2023.

A POTÊNCIA DA LIDERANÇA CONSCIENTE

o mundo dessa mesma perspectiva, mas, nessa etapa, vamos nos concentrar apenas no âmbito da sua organização.

Fundamental para um bom líder, essa consciência permite antecipar problemas, compreender mais profundamente as interações e, sobretudo, melhorar a comunicação entre áreas. **Poderíamos denominar líderes com esse nível de consciência "destruidores de paredes e construtores de pontes"**. Portanto, faço agora a você um convite para mergulhar no desenvolvimento de uma perspectiva mais sistêmica em sua liderança. Essa habilidade, de valor inestimável, vai aprimorar sua capacidade de influenciar positivamente ações que podem se propagar pela organização como um efeito dominó, potencializando ainda mais o impacto de sua liderança.

capítulo 14

Cultivando a visão de interdependência

Nas organizações, o verdadeiro poder e energia são gerados por meio de relacionamentos. Os padrões de relacionamentos e as capacidades para formá-los são mais importantes do que tarefas, funções, papéis e posições.
Margaret Wheatley[88]

Lembro-me bem quando o RH de uma grande indústria me chamou para ajudar a resolver um conflito sério entre a área comercial e a de manufatura. O ambiente estava tenso, os nervos estavam à flor da pele e havia até a preocupação com a possibilidade de uma briga física entre os principais envolvidos.

Em meio ao caos, fiz o que sempre faço: escutei. Conversei com algumas pessoas para entender melhor o cenário, e não demoramos para perceber que cada lado estava imerso na própria perspectiva, incapaz de enxergar além do seu território. Então, propus um projeto que envolvia a realização de três workshops:

---

88 WHEATLEY, M. J. **Who do we choose to be?** Facing reality, claiming leadership, restoring sanity. São Francisco: Berrett-Koehler Publishers, 2023.

primeiro, individualmente com cada time, e depois com os dois times juntos.

Por uma questão de agenda, o primeiro workshop ocorreu com a área comercial. Em meio a um cronograma desenhado para trabalhar o fortalecimento daquele time, chegamos ao momento de revelação dos problemas com a manufatura. Cada dificuldade foi listada e, em seguida, o grupo se dividiu para refletir sobre três questões:

1. Quais eram os objetivos e indicadores estratégicos da área de manufatura?
2. Por que eles estavam se comportando daquela maneira?
3. O que a equipe comercial poderia fazer para resolver a situação, além de pressionar ou brigar?

Foi então que algo extraordinário aconteceu. Como se tirassem vendas dos olhos, a equipe comercial começou a perceber o quanto desconheciam sobre a manufatura. Eles perceberam que as discussões entres as áreas sempre giravam em torno dos próprios interesses, ignorando os resultados que deveriam ser alcançados em conjunto pelo bem de todos. Notaram que nunca haviam convidado as pessoas da manufatura para acompanhar a visita a um cliente e, da mesma forma, poucos deles haviam pisado na área de produção.

A partir dessa tomada de consciência, a mudança foi impressionante. Os dias que se seguiram ao primeiro workshop trouxeram uma transformação tão significativa que os outros dois encontros ganharam novos objetivos. Ou seja, com apenas uma área ampliando sua perspectiva, tudo mudou.

Com base na prática da empatia e da colaboração, vamos ver agora como você pode desenvolver essa capacidade de construir e atravessar pontes no ambiente de trabalho. Convido você a ler com atenção e a avaliar como esses itens podem ser aplicados na sua realidade.

1. CURIOSIDADE E NÃO JULGAMENTO

Compreender a interdependência começa com a curiosidade genuína em relação ao trabalho do outro. Como líderes, devemos buscar entender a realidade das outras áreas, especialmente daquelas com as quais mais interagimos. Devemos conhecer seus principais objetivos e desafios, bem como o funcionamento interno daqueles processos compartilhados. O não julgamento é crucial: líderes devem se despir de experiências negativas anteriores e de preconceitos criados em torno de algumas profissões.

Exemplo prático: você pode marcar um almoço ou café com líderes de outra áreas para compartilhar informações e aprender mais sobre o trabalho que realizam. Da mesma forma, pode participar de uma reunião ou evento da equipe dessa área para observar de perto a dinâmica e as demandas daquele time.

> *Não são as diferenças que nos dividem. São os nossos julgamentos sobre o outro que o fazem.*
> **Margaret Wheatley**[89]

2. TOMADA DE PERSPECTIVA

Exercitar a tomada de perspectiva significa ver um processo ou uma situação do ponto de vista de outra área. Isso exige um entendimento mínimo do setor do qual você deseja se aproximar, que pode ser adquirido através da prática de curiosidade e não julgamento. Essa perspectiva ampliada pode levar a insights valiosos, beneficiando, assim, a organização como um todo.

Exemplo prático: durante uma reunião de planejamento de projetos, convide pessoas de outras áreas para compartilharem sua perspectiva sobre o projeto em questão. Essa visão externa poderá revelar pontos de melhoria ou riscos que você e sua

---

89 *Idem ibidem.*

A POTÊNCIA DA LIDERANÇA CONSCIENTE

equipe não haviam considerado ou descartado sem uma análise mais aprofundada.

> *A maioria das minhas lições importantes sobre a vida veio do reconhecimento de como outras pessoas de uma cultura diferente veem as coisas.*
> **Edgar H. Schein**[90]

3. ENVOLVIMENTO E CONSTRUÇÃO CONJUNTA

Nesta etapa, percebemos quais dos nossos projetos ou processos impactam outras áreas e buscamos envolver essas pessoas para construir, juntos, melhorias e ajustes nos processos existentes ou na criação de novos. É surpreendente o quanto as pessoas estão dispostas a ajudar e cooperar, mas muitas vezes não o fazem porque ninguém deu o primeiro passo ou não sabem como ou por onde começar.

Exemplo prático: se você estiver planejando um novo projeto que afetará várias áreas, organize um workshop de cocriação com representantes desses outros times. Ao trabalharem juntos desde o início, é mais provável que surjam soluções integradas que beneficiem a organização como um todo. Dessa forma, também é muito mais provável que as pessoas se engajem na execução do projeto.

LEVANDO PARA A PRÁTICA

Agora é sua vez de pôr em prática a visão sistêmica. Esse exercício vai ajudar com o mapeamento das principais áreas com as quais interage e identificar maneiras de fortalecer essas relações.

---

90 SCHEIN, E. H. **Humble inquiry:** the gentle art of asking instead of telling. São Francisco: Berrett-Koehler Publishers, 2021.

CULTIVANDO A VISÃO DE INTERDEPENDÊNCIA

- **Passo 1:** faça uma lista das principais áreas com as quais você e sua equipe interagem regularmente;
- **Passo 2:** para cada uma dessas áreas, reflita sobre as três dicas que compartilhamos anteriormente – curiosidade e não julgamento; tomada de perspectiva; e envolvimento e construção conjunta. Faça uma lista de ações concretas que você pode executar em relação a cada uma dessas dicas.

Por exemplo, para se aproximar da área de vendas, você pode decidir agendar um almoço com quem lidera a equipe (curiosidade e não julgamento), convidar uma pessoa daquele time para uma reunião de planejamento de projeto (tomada de perspectiva) e organizar um workshop de cocriação para um novo projeto que afetará tanto a sua área quanto a de vendas (envolvimento e construção conjunta).

Preparei uma planilha para facilitar a execução desse exercício. Ela pode ser acessada pelo QR Code:

É fundamental fazer as devidas adaptações dessas sugestões e exemplos para a sua realidade, dependendo de seu cargo, sua autonomia e, especialmente, do nível de consciência da sua organização. Se for o caso, encontre alguém da sua liderança que possa apoiar e mentorar você nesse processo.

Independentemente, espero que você encare esse exercício como uma oportunidade para expandir sua visão e impactar positivamente a sua organização. Em qualquer nível em que você conseguir aplicar esses pilares, suas iniciativas e seus esforços podem gerar muitos frutos, não só para a sua área. Que essa seja uma jornada de aprendizados e descobertas inspiradora!

É SURPREENDENTE O QUANTO AS PESSOAS ESTÃO DISPOSTAS A AJUDAR E COOPERAR, MAS MUITAS VEZES NÃO O FAZEM PORQUE NINGUÉM DEU O PRIMEIRO PASSO OU NÃO SABEM COMO OU POR ONDE COMEÇAR.

@daniel.spinelli

ANTES DE SEGUIR EM FRENTE

E, assim, concluímos a terceira dimensão, em que exploramos a interdependência e a visão sistêmica. Ao longo dessa jornada, foi fundamental a ampliação de perspectiva, buscando compreender a complexidade e a interconexão das várias áreas dentro da organização. Além disso, foi ressaltada a importância não só de se concentrar em sua própria área, mas também de conhecer o papel que cada um desempenha na engrenagem que é a organização.

Liderar com uma visão sistêmica não é apenas maximizar a eficiência do seu setor, mas também reconhecer que o seu papel se estende além dos limites da sua área. É desenvolver a capacidade de articular parcerias internas e enxergar como elas podem impactar positivamente os resultados da organização.

Convido você, agora, a continuar cultivando uma visão cada vez mais ampliada. Ao seguir esses passos, você vai aprimorar a própria liderança e também criar um efeito dominó que pode influenciar positivamente todos à sua volta, reforçando a capacidade de colaboração na cultura da sua organização.

Agora, vamos seguir nossa jornada. Vamos ver como podemos ampliar nossa consciência sobre o legado que estamos construindo como líderes!

A liderança baseada em uma visão sistêmica reconhece que todas as partes estão interligadas e que as ações devem ser tomadas considerando o impacto em todo o sistema, buscando o bem-estar coletivo.

Fritjof Capra[91]

---

91 CAPRA, F. **The web of life:** a new scientific understanding of living systems. Nova York: Anchor Books, 1997.

4

QUARTA DIMENSÃO DO MÉTODO:
construindo um legado

Estamos neste longo processo de aprendizagem adquirindo, gradativamente, novas ferramentas e habilidades, mas, de repente, nos deparamos com a dúvida sobre a nossa própria capacidade de provocar impacto e influenciar o futuro de várias maneiras. Esta quarta e última dimensão da nossa metodologia será um convite para ampliar nossa compreensão e refletir sobre o verdadeiro efeito – muitas vezes negligenciado – da liderança: o impacto gerado durante a sua caminhada. Para que você tenha um bom aproveitamento das oportunidades que abordaremos nesta dimensão, tenha em mente que, na carreira de líder, construímos, sobretudo, um **legado**.

A palavra "impacto" carrega a ideia poderosa de uma marca duradoura ou de uma influência significativa. Quando aplicada à liderança, refere-se ao efeito contínuo que nossas ações e decisões têm sobre as pessoas e o ambiente à nossa volta. É importante lembrar que esse impacto não se limita a efeitos positivos; podendo também influenciar de maneira negativa. Não necessariamente é algo intencional, muitas pessoas nem sequer percebem o impacto que causam ou não sabem como mitigá-los quando é negativo. Quando, por alguma razão, ignoramos as marcas que estamos deixando com nossa liderança, perdemos uma enorme oportunidade de construir um legado mais significativo.

Os impactos de nossa liderança podem ecoar além dos limites imediatos de nossas equipes, atingindo a organização como um todo, o segmento no qual atuamos e, em alguns casos, o planeta e a sociedade. Se você já se perguntou sobre o legado que

QUARTA DIMENSÃO DO MÉTODO:CONSTRUINDO UM LEGADO

está deixando como líder, este é o momento de examiná-lo mais a fundo.

Mais cedo ou mais tarde, o seu legado dirá muito sobre você e sobre seu nível de bem-estar e felicidade. Ele terá um efeito tão grande na sua vida que será parte de quem você é. A partir dessa perspectiva, será que não vale a pena olhar para isso desde já, enquanto o caminho ainda está sendo trilhado? À medida que desvendamos esse tópico complexo e multifacetado, minha esperança é de que você possa reavaliar suas práticas de liderança e aspirar um impacto positivo e duradouro.

Esta dimensão está dividida em três partes:

1. Nosso legado para as pessoas;
2. Nosso legado para o mundo;
3. Os desafios do movimento em que você acaba de entrar.

Vamos juntos!

capítulo 15

O nosso legado para as pessoas

Como líderes, deixamos como herança muito mais do que números e estratégias de negócios; deixamos também pegadas emocionais na vida daqueles que tocamos. As questões aqui são: que tipo de rastro estamos deixando? Que história estamos ajudando a escrever nas páginas da vida daqueles que lideramos? A partir dessas reflexões, percebemos que as marcas de nossas ações e influências persistem mesmo depois de sairmos de cena.

Você não está apenas liderando uma equipe, está influenciando vidas e criando um efeito dominó que vai muito além das paredes do escritório. Uma liderança inspiradora reverbera na vida das pessoas como um todo, transformando-as não só em profissionais melhores, mas também em pais, amigos e cidadãos melhores. Essas pessoas levam para casa o entusiasmo e a motivação que sentem no trabalho quando estão aprendendo e crescendo com os desafios profissionais – e isso transborda para todos que estão ao seu redor. Além disso, essa onda positiva pode contribuir favoravelmente, incentivando-as a dormirem melhor, a serem mais saudáveis e a terem um convívio melhor com a família.[92] Essa é a realidade que queremos cultivar, certo?

Neste capítulo, vamos agregar à sua liderança a consciência do efeito cascata gerado pela forma como você atua. Vamos dar um mergulho mais profundo no legado deixado pela sua liderança e entender que, acima de tudo, ela é um ato de serviço. Assim, você estará mais perto de influenciar uma cultura que prioriza o impacto humano e que também celebra e maximiza a influência positiva que podemos ter.

Este é o momento de você se envolver em um exercício vital, que lançará luz sobre o legado que você está construindo. Eu convido você a abraçar esse desafio e a permitir que esta reflexão abra caminho para uma liderança mais consciente e impactante.

Vamos lá?

EXERCÍCIO: DECLARAÇÃO DE IMPACTO NA VIDA DAS PESSOAS QUE PASSARÃO POR MINHA LIDERANÇA

Este exercício tem como objetivo ampliar a consciência sobre o seu legado como líder e ajudar a traçar um caminho para tornar esse impacto mais significativo e positivo.

1. REFLEXÃO SOBRE O IDEAL

Comece imaginando a situação ideal – o que você gostaria que acontecesse com as pessoas que são lideradas por você? Reserve um momento para visualizar essa realidade detalhadamente. Como as pessoas se sentem? Como elas se comportam? Que tipo de crescimento pessoal e profissional você vê nelas? Escreva tudo isso.

---

92 VANACKER, A. Demystifying happiness at work. **Forbes Business Council**, 2 jun. 2021. Disponível em: https://www.forbes.com/sites/forbesbusinesscouncil/2021/06/02/demystifying-happiness-at-work/?sh=2601d17445b2. Acesso em: 27 jul. 2023.

2. IDENTIFICANDO VALORES

Agora, pense sobre os valores e as qualidades que você acredita serem importantes para cultivar no seu estilo de liderança para alcançar esse ideal. Isso pode incluir empatia, comunicação clara, encorajamento ao aprendizado, criação de um ambiente de desafio e crescimento, entre outros. Liste esses valores e essas qualidades e escreva ao lado de cada um deles uma ação concreta que você pode tomar para incorporá-los à sua liderança. (Aqui você pode incluir algumas das qualidades que vimos na etapa sobre qualidades humanas essenciais).

3. DECLARAÇÃO DE IMPACTO

Por fim, com base nas reflexões anteriores, escreva uma declaração dos impactos da sua liderança sobre seus liderados. Ela deve resumir o que você espera alcançar como líder e o legado que você gostaria de deixar, e servirá como um lembrete constante, que orientará suas ações e decisões a partir de agora. Aqui, você pode escrever uma ou mais frases começando com: "Através da minha liderança...".

Por exemplo: digamos que você tenha identificado no item 1, entre outras coisas, que você gostaria que as pessoas despertassem para a importância de aprender continuamente e que criassem hábitos de aprendizado regulares. Então, no item 2, você pode colocar algo como ser um exemplo de aprendizado contínuo e ser alguém que cria agendas intencionais de aprendizado, como clubes de leitura e participação em eventos. Agora, ao escrever sua declaração, você pode ter algo como: "através da minha liderança, eu estimulo o crescimento profissional contínuo das pessoas que lidero, fornecendo a elas oportunidades para aprender, inovar e avançar na carreira".

Preparei um formulário com exemplo para facilitar a realização dessa atividade; se você quiser utilizá-lo, acesse o QR code a seguir.

ABRINDO O MEU CORAÇÃO

Ao olhar para trás, em minha jornada de mais de trinta anos como líder, lembro de experiências e pessoas que não apenas moldaram minha carreira como também minha visão de mundo. Nos altos e baixos, aprendi que as recompensas mais valiosas são as que tocam verdadeiramente o coração. Receber feedbacks, ouvir histórias de pessoas que, de alguma forma, foram transformadas por minha liderança… Isso tem um valor inestimável.

Sim, a liderança pode trazer visibilidade, influência, possivelmente fama e recompensas financeiras. Mas se eu puder compartilhar apenas uma coisa que aprendi nessa jornada, é que o verdadeiro triunfo da liderança não está necessariamente nessas conquistas que mencionei. Uma das maiores e mais profundas recompensas será a diferença que você faz na vida das pessoas que tem a oportunidade de liderar. Está na satisfação de ver alguém florescer através da sua influência.

Se você incorporar as lições deste livro e realmente se esforçar para compreender e cultivar o impacto que pode causar nas pessoas, o auge da sua carreira não será uma posição, um prêmio ou um bônus, e sim o momento em que alguém vier até você e disser: "sua liderança mudou minha vida, e por isso digo muito obrigado". Acredite, esse é o maior reconhecimento que quem lidera pode receber.

capítulo 16

O nosso legado para o mundo

À medida que avançamos nesta quarta dimensão, precisamos agora olhar especialmente para o conceito de "legado". Ele não se refere apenas àquilo que deixamos para trás quando saímos de uma organização ou passamos o bastão da liderança. Em um sentido mais amplo, engloba as mudanças duradouras, os comportamentos que transmitimos e a cultura que ajudamos a moldar. Ele é a **essência de nosso impacto como líderes**.

Nesta etapa, convido você a fazer um exercício de autorreflexão. Vamos mapear os impactos de sua liderança, identificando as principais marcas de suas ações e decisões. Este exercício não é apenas uma maneira de avaliar o que foi feito até agora, mas também serve como uma bússola para orientar o que virá a seguir. É o primeiro passo para deixar um legado significativo e positivo no mundo.

EXERCÍCIO: MAPEANDO OS IMPACTOS DA MINHA LIDERANÇA

O objetivo desta atividade é promover uma reflexão mais profunda sobre os impactos da liderança em diferentes áreas. É importante compreender que, com nossa liderança, temos um nível de poder, e o seu uso interfere na vida das pessoas que lideramos e com quem interagimos no trabalho. Também precisamos ter consciência de que, em algum nível, interferimos nas organizações em que atuamos, na sociedade e no planeta. Ao mapearmos esses impactos, nos tornamos líderes mais conscientes e comprometidos em alcançar resultados positivos. Com essa jornada de autorreflexão, vamos fortalecer nossa liderança e fazer escolhas cada vez mais conscientes atuando como líderes.

Mãos à obra!

Preparei um formulário com exemplo para facilitar a realização desta atividade; se você quiser utilizá-lo, acesse o QR code a seguir.

REFLETINDO SOBRE OS SEUS IMPACTOS

Reserve um tempo para refletir sobre sua liderança e os impactos que você acredita estar causando em cada uma das áreas a seguir. Lembre-se de considerar tanto as interferências positivas quanto as negativas.

* **Impacto nas pessoas que lidero diretamente (profissional e pessoal):** avaliar como sua liderança influencia e impacta a evolução, o despertar de potenciais e o bem-estar das pessoas que estão sob sua responsabilidade direta. Aqui você já pode usar como critérios as suas intenções de impacto da etapa anterior;
* **Impacto na organização em que atuo:** avaliar de que forma sua liderança influencia positivamente ou negativamente os objetivos estratégicos, promove uma cultura organizacional colaborativa e impulsiona o desempenho geral da organização;

A POTÊNCIA DA LIDERANÇA CONSCIENTE

* **Impacto na sociedade:** refletir sobre como sua liderança pode gerar impactos positivos ou negativos na comunidade, influenciando ações e contribuindo para o bem-estar social. Leve em consideração os aspectos diretos e indiretos que, por meio do seu trabalho, transformam a sociedade. Por exemplo, se você, como líder, contribui para o processo de inclusão social;

* **Impacto no planeta:** reconhecer como sua liderança contribui para a sustentabilidade ambiental, adotando práticas responsáveis e conscientes em relação ao meio ambiente.

Após mapear os impactos que você gera através da sua liderança, pare um pouco e reflita sobre cada um deles. Dedique alguns minutos para perceber o quanto você influencia o mundo ao seu redor.

PLANO DE AÇÃO INDIVIDUAL

Agora é hora de elaborar um plano de ação individual. Identifique as áreas específicas em que você deseja fortalecer seus impactos positivos e mitigar os impactos negativos. Defina metas claras e identifique ações práticas que você pode realizar para alcançar essas metas. Lembre-se de que mesmo pequenas mudanças podem ter um grande impacto em médio ou longo prazo.

IMPACTOS CONSCIENTES

Lembre-se: liderar com consciência é um processo contínuo de aprendizado e aprimoramento. Ao mapear e compreender os impactos que gera, você será mais capaz de gerenciá-los. Esse é o caminho para poder exercer uma liderança mais consciente e responsável. **Recomendo revisitar este mapa regularmente** e buscar oportunidades contínuas para crescer e melhorar como líder. Sinta-se à vontade para ajustar a atividade conforme necessário,

QUER UMA BOA REFERÊNCIA?

personalizando-a de acordo com suas necessidades e objetivos como líder.

Um verdadeiro case de sucesso no compromisso com os impactos positivos no mundo dos negócios é a empresa de roupas e equipamentos de aventura Patagonia. Sou usuário dos produtos e há anos acompanho a marca, que tem a durabilidade como principal característica justamente pelo seu engajamento com as causas ambientais. Sou um admirador antigo do fundador, Yvon Chouinard,[93] que é também um líder inspirador. O alpinista, surfista, ambientalista e empresário estadunidense já nos anos 1970 buscava um propósito maior do que apenas o lucro e deixou legados que mudaram a história do empreendedorismo mundial e também transformaram a indústria com soluções inovadoras.

Chouinard construiu uma empresa com o objetivo de ser um excelente local de trabalho e um recurso importante para o ativismo ambiental. Por exemplo, em 1984, a Patagônia já oferecia uma cafeteria vegetariana e uma creche para os filhos de seus funcionários. Além disso, incentivava seus colaboradores a trabalharem em projetos ambientais locais e se comprometia a pagá-los para que pudessem dedicar seus esforços à atividade, mesmo que isso significasse comprometimento em tempo integral. Nos negócios, foi a primeira empresa a lançar o tecido de secagem rápida, e no início dos anos 1990, quando a questão ambiental não estava no horizonte da maioria das organizações, implementou o uso de algodão orgânico em 100% da confecção.

O compromisso maior de Yvon Chouinard estava sempre conectado com seu propósito. Foi assim que ele se mostrou um grande exemplo de liderança visionária e sustentável, criando uma empresa bilionária e uma das mais inovadoras do planeta.

---

93 CHOUINARD, Y. **Lições de um empresário rebelde**. São Paulo: Martins Fontes, 2015.

A POTÊNCIA DA LIDERANÇA CONSCIENTE

Em 2022, após quase cinquenta anos à frente da marca, o fundador tomou uma decisão histórica: ele e sua família decidiram doar 100% das ações da empresa para a conservação do meio ambiente e o controle do negócio foi transferido para duas novas entidades dedicadas ao combate das mudanças climáticas.

Essas são apenas algumas das lições dessa liderança revolucionária e inspiradora. Com sua história, Chouinard nos mostra que precisamos rever a nossa missão como organizações e como líderes. Que, a partir de uma nova perspectiva, além de nossos interesses individuais e uma maior consciência sobre o impacto que causamos, é possível liderar visando uma melhor existência neste planeta. Sua história nos provoca a rever nossa definição de sucesso.

capítulo 17

Recebo você neste movimento

Estamos agora nos aproximando do final desta jornada de desenvolvimento, e o seu caminho até aqui ofereceu ainda mais elementos para aperfeiçoar a sua liderança. É importante lembrar que existem muitos outros recursos eficazes que, se incorporados às ferramentas apresentadas neste livro, darão a você um poder de impacto gigantesco. Mas a notícia não tão agradável assim é que esses ensinamentos de nada valem se não forem continuamente revisitados. **Eu lhe apresento, então, o seu maior desafio até agora**: finalizar esta leitura e aplicar diariamente as lições dessa experiência.

Se você chegou até aqui, é provável que já tenha testado alguns exercícios, senão todos, sugeridos nos capítulos. Mas o que eu proponho agora é algo muito maior, pois depende exclusivamente do seu comprometimento com o seu processo de melhoria contínua. **O verdadeiro poder está na ação e na aplicação do que foi aprendido.** Ou seja, assim como um músico se aprimora por meio da prática constante, o seu caminho para a sua nova forma de liderar exigirá desafiar-se, dia a dia, a sair da zona de conforto, buscar novas perspectivas e experimentar abordagens inovadoras. Portanto, aqui vão algumas dicas:

1. TER DISPOSIÇÃO PARA COMETER ERROS

Esse não será um trajeto linear ou isento de obstáculos. Por isso, se disponha a cometer erros, a aprender com eles e a perseverar em seu caminho de aprendizado. Permitir-se errar não é sinal de fraqueza, mas sim de coragem. É por meio dos tropeços no caminho que identificamos áreas que precisam ser aprimoradas, nos tornamos mais resilientes e desenvolvemos a capacidade de adaptação em um mundo em constante mudança.

Um dos maiores desafios de todas as equipes é, sem dúvida, criar uma cultura de segurança psicológica que permite e, principalmente, acolhe os erros. A pesquisadora e especialista em liderança e vulnerabilidade Brené Brown[94] defende em seu livro *A coragem de ser imperfeito* que não existe aprendizado, criatividade ou até mesmo inovação nas empresas quando errar não é uma opção. No livro, ela diz que "quando a vergonha se torna um estilo de gerenciamento, a motivação vai embora". Essa é definitivamente uma de suas grandes responsabilidades como líder; portanto, comece por você. Enxergue os seus erros como ótimas oportunidades de aprendizado e crescimento.

2. TER PACIÊNCIA: ESSE É O PONTO DE PARTIDA DE UMA LONGA JORNADA

Assim como leva tempo para o corpo se adaptar a uma nova dieta e a um novo estilo de vida, também será necessário tempo e esforço para incorporar, em sua essência, os princípios aqui expostos. É preciso persistência, paciência e autodisciplina para

---

94 BROWN, B. **A coragem de ser imperfeito.** Rio de Janeiro: Sextante, 2016.

RECEBO VOCÊ NESTE MOVIMENTO

implementar mudanças reais em seus comportamentos, pensamentos e atitudes.

Pense neste livro como uma ida ao nutricionista. Em uma consulta, nos é oferecido um cardápio personalizado, recomendações para dormir melhor, praticar atividades físicas e adotar uma alimentação saudável. No entanto, ao sair do consultório, essas recomendações não tornam você automaticamente mais saudável ou o fazem se sentir imediatamente mais em forma. Da mesma maneira, este livro possibilitou o aprendizado de conhecimentos e ferramentas com foco em desenvolver a sua liderança, mas a absorção das lições aqui apresentadas não transforma instantaneamente o nível de consciência e impacto da sua liderança. Foi lhe dada a chave, mas agora você precisará entrar pela porta e colocar a mão na massa.

Ou seja, assim como não podemos alcançar a saúde plena se não implementarmos os hábitos recomendados pelo nutricionista de vez em quando, tampouco podemos desenvolver as habilidades de liderança desejadas sem aplicar os ensinamentos no dia a dia. **O segredo está na ação consistente** e na incorporação dos princípios aprendidos em todas as nossas interações e decisões.

3. RESGATAR DIARIAMENTE O SEU PROPÓSITO

A sua decisão de liderar de forma mais consciente vai além das suas realizações individuais e de curto prazo. É verdade que, ao aplicar essas novas ferramentas e aprendizados, você provavelmente conquistará resultados significativos ao longo do tempo. Você perceberá que o clima da equipe se transformará e que as pessoas se sentirão mais valorizadas e engajadas. Consequentemente, seus colaboradores vão melhorar a performance e gerar maiores resultados. Você também se sentirá mais feliz e eficaz ao equilibrar alta performance e vida pessoal. Sua liderança será reconhecida e se tornará cada vez mais essencial para a empresa em

A POTÊNCIA DA LIDERANÇA CONSCIENTE

que trabalha, concedendo-lhe poder e influência. Mas perceba que **você veio ao mundo para fazer muito mais**.

Desenvolver-se como líder, a partir também dos ensinamentos deste livro, insere você em um movimento que quer transformar o mundo com base na elevação da consciência nas organizações. Você tem a oportunidade de participar ativamente dessa profunda mudança, e o seu papel, agora ainda mais relevante com todo o conhecimento adquirido na leitura deste livro, tem o potencial de criar um impacto positivo na sociedade, influenciando outras pessoas a seguirem esse caminho de crescimento pessoal e mudança positiva. Seu compromisso é construir um mundo mais saudável, onde a consciência e os valores éticos orientam as práticas de negócios. Se você quer liderar não só para entregar resultados a acionistas, mas também para ajudar o mundo a passar por uma transformação de consciência, agora você tem ótimas ferramentas em mãos.

4. A TRANSFORMAÇÃO SE DISSEMINA EM ONDAS

A sua jornada como líder é parte essencial de um movimento que busca transformar a maneira como as organizações do mundo operam e impactam a sociedade, transcendendo, assim, as fronteiras dos interesses individuais. Mantendo-se fiel ao seu propósito, você encontrará muito mais significado em suas ações diárias. E, ao fazer isso, saiba que você também vai inspirar e mudar a vida de muitos à sua volta, inclusive a sua.

capítulo 18

O momento da verdade – o chamado final

E is que chegamos ao final desta jornada. Atravessamos quatro dimensões cruciais para uma liderança consciente e autêntica – autoliderança, liderança de pessoas, interdependência e visão sistêmica, e, por fim, consciência sobre o legado que estamos construindo. Em cada dimensão, mergulhamos mais fundo em nós mesmos e em nosso papel como líderes no mundo.

Liderar com verdade é um bem valioso, mas que exige coragem para olhar para dentro de nós mesmos com sinceridade, encarar nossas falhas e identificar e utilizar nossas forças. É na busca contínua por essa verdade que encontramos a nossa humanidade e a nossa capacidade de manifestar de maneiras mais elevadas e significativas essa nossa vida preciosa.

AGORA É COM VOCÊ

Podemos olhar para as pessoas, para a sua organização e para o legado que está construindo com mais consciência. Quando não fazemos isso, corremos o risco de viver uma vida rasa, perseguindo objetivos superficiais e evitando olhar para o que, de fato, é

A POTÊNCIA DA LIDERANÇA CONSCIENTE

importante – algo que infelizmente ainda é feito por uma multidão de pessoas. Os pilares fundamentais desenvolvidos nesta obra sustentam que você está aqui para evoluir, inspirar, impactar pessoas e transformar, pois quando você age por um bem maior, a sua história se constrói de tal forma que torna a sua vida verdadeiramente significativa. Para você, para as pessoas à sua volta e para o mundo.

E a boa notícia é que chegou a hora em que essa visão de liderança que estamos construindo aqui será cada vez mais necessária para a sobrevivência também das organizações. Haverá cada vez mais espaços para líderes com capacidades humanas autênticas e com forte base no próprio autoconhecimento. Para sairmos da ilusão criada por um mundo recheado de distrações tentadoras, precisaremos de seres humanos como você, capazes de pausar e dar um passo para fora da agitação, para ler um livro, para silenciar a mente, para refletir. Este mundo abundante de informações, tecnologias e facilidades nunca careceu tanto de mais sabedoria, e é da nossa capacidade de liderar com mais sabedoria e consciência de que a humanidade tanto precisa.

LEMBRE-SE DE QUE SOMOS UM MOVIMENTO

Saiba que há muitos líderes ao redor do mundo que também estão nessa busca, e mesmo que não nos conheçamos, estamos torcendo uns pelos outros. E lembre-se de que este livro expressa a essência de um movimento, então se mantenha em conexão e venha se abastecer dessa força. Enquanto eu estiver por aqui, também estarei nessa frente.

UMA REVELAÇÃO

Quando comecei a trabalhar nesta obra pensei que abordaria temas que eu já dominava. No entanto, o processo de escrita me ensinou que ainda tenho muito a melhorar como ser humano e como líder, inclusive em todas as dimensões. Precisei me lembrar da minha própria humanidade e da necessidade de crescimento contínuo para que pudesse seguir produzindo e tornar este livro uma realidade.

Precisamos nos lembrar sempre de que estamos todos nesse processo de melhoria e que devemos nos apoiar para as superações necessárias, tanto as internas quanto as externas.

ATÉ BREVE!

Aprendi com meus mestres que, para quem trabalha por uma missão maior, cada novo dia já é, em si, uma razão para agradecer. Assim, me despeço honrando meus mestres e agradecendo profundamente a você, que me acompanhou até aqui. Pudemos percorrer juntos o livro inteiro, navegamos por estas páginas, tornando real este momento sublime de dizer "até logo".

É na arena e não na plateia que as coisas acontecem. E quando nos encontrarmos nesse grande palco da vida, se desenvolvendo e trabalhando por essa transformação, provavelmente estaremos com nossos rostos empoeirados e suados, típicos de quem veio para fazer as coisas acontecerem. Vamos deixar combinado que, quando nosso encontro acontecer, vamos nos olhar nos olhos e dizer: "força, líder, você não está só!". Afinal, estamos no mesmo time, um time de pessoas que estão despertando e que vieram para liderar o mundo para uma nova cultura mais humana e verdadeira.

Receba e sinta o meu abraço. Que a força esteja com você.
Até breve!

Este livro foi impresso
pela gráfica Bartira em
papel pólen bold 70 g/m²
em outubro de 2023.